Fonética y fonología españolas

Fonética
y fonología
españolas

por

Hans-Jörg Busch

y

Tom Lathrop

LINGUATEXT
LIMITED

Newark Delaware

(302) 453-8695
Fax: (302) 453-8601

FIRST EDITION.

www.LinguaTextLtd.com

MANUFACTURED IN THE UNITED STATES OF AMERICA

ISBN: 978-0-942566-57-4

Contenido

Prólogo

Si esta es su primera experiencia con un curso de lingüística, la mayoría de lo que va a aprender será nuevo para Ud., por ejemplo la terminología o los conceptos que están relacionados con los sistemas fonéticos del español y también del inglés.

Si este es el caso, no se preocupe. Nosotros tenemos mucha experiencia con la enseñanza de la fonética española a estudiantes universitarios norteamericanos, y por supuesto todavía tenemos presentes nuestras experiencias de cuando nosotros mismos tratamos de aprender el material. Uno de nosotros aprendió el español en Alemania y el otro en California, y en todos los años que venimos enseñando fonética española, hemos tenido buenos resultados simplificando la descripción que en otros libros se tiende de complicar demasiado. Por eso hemos escrito ese libro abreviado y muy compacto. Esperamos que le sirva de guía útil y sencilla que se comprenda muy fácilmente. También hemos preparado e incluido en este libro un disco compacto con grabaciones que corresponden a los ejercicios al final de cada capítulo.

No podemos dejar de subrayar la importancia de una buena pronunciación. Aunque el orden de palabras en sus oraciones sea correcto, aunque escoja todas las terminaciones adecuadas y aunque tenga mucho vocabulario, una mala pronunciación socavará y afectará negativamente la opinión de un oyente sobre su competencia lingüística y su habilidad en general. De otro lado, si su pronunciación es excelente y los tres otros aspectos no son tan buenos, todavía es posible comunicar el mensaje con estructuras y palabras más básicas, teniendo en cuenta también que un estilo directo y simple es una característica muy laudable, e inspirar confidencia en sí mismo y sus destrezas lingüísticas.

La maestría de la pronunciación es muy similar al nivel de maestría de un instrumento musical. Ud. puede aprender lo suficiente sobre tocar la guitarra en un semestre, bastante para acompañarse a sí mismo en una serie de canciones, pero para llegar al nivel de un solista que puede tocar en un concierto o un músico profesional que puede toca en un estudio de grabación, necesitará muchos años de lecciones particulares y práctica.

Este curso es semejante a ese primer semestre de aprender a tocar un instrumento. Si al final de este semestre Ud. ha aprendido lo suficiente y lo ha aplicado a su forma de hablar español, y si Ud. viaja después a un país de habla española, esperamos que la reacción de la gente en este país sea: "Puedo decir que Ud. no es un hablante nativo del español, ¿pero de dónde es Ud.?" Esto significa que Ud. habrá perdido el "acento americano" lo que representa un gran paso adelante. Mientras que un acento francés en inglés puede ser muy encantador, un acento americano en español suena horrible.

Después de practicar mucho más y tener una pronunciación excelente, es posible que un hispanohablante le pregunte: "¿De qué país de habla española es Ud.?" Esto significa que piensa que Ud. es un hispanohablante nativo, pero no sabe exactamente de dónde viene.

El tercer nivel, el que le permita a la gente pensar que Ud. es de un país o una región determinados, presupone la maestría completa de hasta la más mínima matiz de pronunciación y entonación. Al final de este curso Ud. todavía estará muy lejos de esta meta, pero tendrá todas las bases para llegar a la maestría.

A la vez que Ud. trate de mejorar su pronunciación en español, esperamos que disfrute contemplando la naturaleza fonética de la lengua y que aprenda al mismo tiempo algunos conceptos lingüísticos importantes.

Queremos agradecer a Dora y Alberto Delgado, ambos de Colombia, que leyeron los ejercicios que están en el disco compacto. También le agradecemos a Francisco Aragón-Guiller que encontró algunos de los artículos periodísticos que se usaron en los ejercicios.

Por favor no duden en ponerse en contacto con uno de los autores en caso de tener cualquier tipo de sugerencia o comentario. Nuestras direcciones de correo electrónico son leipzig@udel.edu o lathrop@udel.edu.

H.-J. B.
T. A. L.

Newark, Delaware
Julio de 2008

1

Las sílabas en español

Procesadores de texto funcionan maravillosamente para dividir palabras en sílabas y para poner el guión donde corresponde. Entonces, si el ordenador lo hace automáticamente, ¿por qué debería Ud. aprender a hacerlo a mano, o sea saber dónde termina una sílaba y dónde empieza la próxima? La razón principal es porque eso le ayuda a determinar cómo se pronuncia una palabra y dónde se encuentra el acento de intensidad. La calidad de una vocal, por ejemplo -Ud. va a aprender pronto de qué se trata aquí- a menudo depende de cómo termina una sílaba. Una SÍLABA ABIERTA (una sílaba que termina en vocal), por ejemplo, se pronuncia de una forma, y una SÍLABA CERRADA (una sílaba que termina en consonante) se pronuncia de otra forma. Haga ese pequeño experimento para tener una impresión de cómo una sílaba abierta o cerrada afecta la pronunciación: La palabra **do-lor** tiene dos o en dos sílabas. La primera sílaba (**do-**) es abierta y suena diferente de la o en la segunda sílaba (**-lor**), que es cerrada. Otra razón por la cual Ud. debería aprender a dividir palabras en sílabas es para saber dónde se encuentra el acento de intensidad en una palabra y si es necesario escribir un acento ortográfico (que también se puede llamar TILDE), o no.

Antes de especificar cómo se dividen palabras en sílabas, sin embargo, tenemos que definir lo que es una sílaba.

Cada palabra consiste en sílabas. Algunas palabras tienen sólo una sílaba (*go, be*) y otras tienen varias (*stu-dent, u-ni-ver-si-ty*). En inglés una sílaba puede tener de una a nueve letras: *I, me, eat, high, fifth, height, thought, strength, strengths*. En español cada sílaba se caracteriza por tener solo una VOCAL (o DIPTONGO que es la combinación de dos sonidos vocálicos[1]), pero puede tener hasta cuatro CONSONANTES. Algunas sílabas consisten nada más que de una vocal, tal como se puede ver en los siguientes ejemplos (subrayados): a-yer, po-e-ta, ca-í. La mayoría del tiempo, sin embargo, una o más consonantes preceden la vocal (**la-go, co-mí, bra-zo, pla-za, sal-dré**) o la siguen (ar-te, en-tre, ins-tan-te).

---

[1] Describiremos los diptongos en el próximo capítulo

Las sílabas en español, tal como las palabras, pueden comenzar con cualquier letra del alfabeto español (**a-ma, ban-ca, ca-ma, chis-te, da-ma, es-tar, fin**, etc.). También pueden empezar con grupos de consonantes QUE SIEMPRE DEBEN TERMINAR EN UNA L O UNA R (**<u>pre</u>-mio, <u>bra</u>-zo, <u>tra</u>-er, <u>dra</u>-ma, <u>cre</u>-er, <u>gran</u>-de, <u>frí</u>-o, <u>plan</u>, <u>blan</u>-co, <u>cla</u>-ro, <u>glo</u>-bo, <u>fla</u>-co**, etc. (COMBINACIONES DE DOS CONSONANTES CUYA SEGUNDA NO ES UNA L O UNA R NUNCA PUEDEN EMPEZAR NI UNA PALABRA NI UNA SÍLABA. EN OTRAS PALABRAS: NO EXISTEN PALABRAS ESPAÑOLAS QUE EMPIECEN CON DOS CONSONANTES CUYA SEGUNDA CONSONANTE NO SEA L O R.)

Contrario a la división de palabras en inglés, donde la computadora a veces falla, las reglas en español son muy inequívocas y claras. Aquí están las reglas que Ud. necesita saber.

Cuando alternan las vocales y consonantes, las sílabas se dividen entre vocal y consonante:

o-re-ja	fo-né-ti-ca
nú-me-ro	re-no-va-da
co-mu-ni-ca-do	co-mer

Donde hay DOS consonantes entre vocales, existen dos reglas:

a) Cuando hay un grupo de consonantes **p, t, c, b, d, g, f** + **l** o **r**, la sílaba se divide delante del grupo:

de-<u>trás</u>	o-<u>fre</u>-ce	co-<u>pla</u>

b) Cualquier otra combinación de dos consonantes se divide en el medio:

ca<u>m-p</u>o	a<u>l-g</u>o
a<u>c-c</u>ión	e<u>s-t</u>ar
ca<u>r-n</u>e	bu<u>r-l</u>a
i<u>n-s</u>is-te	ha<u>s-t</u>a
a<u>l-r</u>e-de-dor	co<u>r-t</u>a

Cuando hay TRES O CUATRO consonantes, también existen dos reglas:

a) Cuando una de las consonantes es una s, siempre se divide después de la s:

> ins-tante   cons-truc-ción
> sols-ticio   trans-ductor
> cons-truir   abs-trac-to

Tenga cuidado con la combinación de s + consonante, particularmente -st y -sp- porque diferente del inglés, en español sí se divide: (ingl.) *per-spec-tive* pero (esp.) **pers-pec-ti-va**, (ingl.) *con-sti-tu-tion* pero (esp.) **cons-ti-tu-ción**. La razón por esto es la regla que dice que si una combinación de consonantes no puede empezar una palabra, tampoco puede empezar una sílaba, y no hay, en español, palabras que empiecen con st-, sp-, sc-, etc. (*star* = *estrella*, *ski* = **esquí**).

b) Cuando una de las consonante no es una s, siempre se divide después de la primera consonante. (La segunda y tercera siempre forman el grupo p, t, c, b, d, g, f + l o r que no se divide.

> con-flu-yente   cum-plir
> mal-cria-do   com-prar

La letra x merece un comentario adicional porque su pronunciación varía de acuerdo al lugar que ocupe dentro de una palabra y también de acuerdo a las preferencias de los hablantes como un sonido o dos sonidos. Puede pronunciarse [x] en la palabra **México** como en **mejor**; [s] en posición inicial en la palabra **xenofobia** como en **semáforo**; [ks] o [gs] en posición intervocálica, ante otra consonante o al final de palabra, por ejemplo en las palabras **exhibir**, **extra** o **relax** como en la palabra *taxi*. En un lenguaje relajado también se puede pronunciar [s] delante de consonante, por ejemplo **extra** como en **esta**. Esto lo hay que tomar en consideración más tarde cuando se trata de la transcripción fonética. Para la división ortográfica al final de línea, sin embargo, se considera una consonante cualquiera y por eso las palabras **México**, exhibir, extra o taxi se dividen Mé-xi-co, ex-hi-bir, ex-tra y ta-xi.

Ch, ll, ñ y rr se consideran UNA letra en el alfabeto español y siempre empiezan la sílaba:

ca-ña	co-rre
ha-llar	con-llevar
le-che	an-cho

La última consonante al final de una palabra forma parte de la sílaba final:

lu-<u>gar</u>	do-<u>lor</u>
pa-<u>pel</u>	di-fí-<u>cil</u>

En caso que le surjan dudas acerca de dónde se debe dividir una palabra de dos o más consonantes entre vocales, aquí tiene un método infalible: Observe el grupo de consonantes detrás de la vocal. Si el grupo entero puede empezar una palabra, la sílaba se divide inmediatamente después de la vocal. Si el grupo por completo no puede empezar una palabra, agregue la primera consonante a la vocal precedente. Si la consonante o las consonantes restantes pueden empezar una palabra, Ud. ha encontrado el comienzo de la próxima sílaba, si no, continúe agregando consonantes hasta encontrar la consonante o el grupo de consonantes que pueden iniciar una palabra.

Ejemplo: **CONTRASTE**

NTR: No, una palabra no puede empezar con NTR-.
TR: Sí, una palabra puede empezar con TR-.
     = **La primera sílaba es** *con*-.
ST: No, una palabra no puede empezar con ST-.
T: Sí, una palabra puede empezar con T-.
     = **La segunda sílaba es** -*tras*-
          y la última sílaba es -*te*.

Aquí hay otro ejemplo:

Ejemplo: **SOLSTICIO**
LST: No, una palabra no puede empezar con
         LST-.
ST: No, una palabra no puede empezar con
         ST-.
T: Sí, una palabra puede empezar con
         T-.
         = **La primera sílaba es *sols-*. La**
         segunda sílaba es -*ti*- y la tercera
         es -*cio*.

DIPTONGOS Y TRIPTONGOS

Dos sonidos vocálicos en la misma sílaba se llaman DIPTONGOS (*diphthongs*). Siempre se trata de la combinación de las vocales **a**, **e**, **o**, que también podríamos llamar fuertes, con las vocales **i** o **u**, que son débiles, o la combinación de **i** y **u**. Al lado de las vocales fuertes, **i** y **u** se convierten en las SEMIVOCALES (*semi-vowels*) [y], como en las palabras **Asia**, **fraile** o **miel** o [w] como en **agua** y **aula**. Las semivocales [y] y [w] también se llaman DESLIZADOS (*glides*) porque se mueven o se 'deslizan' desde o hacia la posición donde se pronuncia la VOCAL PLENA.

hacia	**superficie**	**recio**
tenue	**recua**	**ciudad**
aire	**veinte**	**boina**

Ortográficamente los diptongos se tratan como vocales simples, porque, como habíamos dicho al principio, una sílaba siempre consiste de por lo menos una vocal plena y como las semivocales [y] y [w], como indica la palabra, sólo cuentan por media vocal, una vocal plena y una semivocal no son suficientes para crear dos sílabas:

cuan-do	**sien-do**	**cuen-to**
bui-tre	**viu-da**	**vir-tuo-sa**
re-cien-te	**biz-nie-ta**	**vein-te**

Una **u** y una **i** juntas también pueden formar diptongos. En este caso la primera es la semivocal y la segunda la vocal plena:

> **cui-(dado)   ciu-(dad)**

Por supuesto dos vocales fuertes **a, e u o**, no forman diptongos sino dos sílabas diferentes. Dos vocales fuertes contiguas también se llaman HIATOS.

> **(Ama)de-o   te-a(tro)**
> **(Co)re-a   ma-es(tra)**

Con un acento escrito, **í** y **ú** se convierten en VOCALES FUERTES, tal como **a, e u o**, y la combinación no produce un diptongo sino un hiato, o sea dos vocales fuertes en dos sílabas diferentes:

> **frí-o   tí-a   (que) (va)rí-en**
> **dú-o   (él) (ac)tú-a   la-ú-(des)**

Un TRIPTONGO (*triphthong*) es la combinación de tres sonidos vocálicos en la misma silaba: una vocal débil (**i** o **u**) más una vocal fuerte (**a, e u o**) más otra vocal débil (**i** o **u**). Las vocales débiles empiezan y terminan la sílaba. Triptongos son muy raros y no típicos en español. La mayoría de los triptongos que tenemos en el diccionario son o ONOMATOPEYA (palabras que imitan el sonido de una cosa o un animal, por ejemplo **miau**), palabras modernas compuestas (**semiautomático, biauricular**), e INDIGENISMOS o AMERICANISMOS (**aguaucle, guaicurú**). Además los encontramos en España en la segunda persona de algunos verbos que terminan en –iar o -uar: **vosotros actuáis, amortiguáis, abreviáis, odiáis**, etc.

EJERCICIO

Divida las siguientes palabras en sílabas.

abstener
aéreo
afear
albedrío
anchoa
apeo
apio
Babieca
balneario
beodo
bisiesto
boxeo
caer
calle
cambio
Casildea
circunstancia
coexiste
coincide
cojeo
constaba
Constanza
constelaciones
consternar
constitucional
constituida
construcción
construido
construir
críe
dalia
llenar
loable
magia
malcriado
monstruo
oboe
paranoia
poema
reconstitución

deificar
deleite
delirio
derrocar
descuidado
deseo
deshacer
deuda
egoísmo
empeora
enfrío
envío
estadounidense
exacto
examen
fíen
fraseología
heroína
hinchar
inconstante
intersticio
instala
instante
instar
instilar
instinto
institución
instructor
instrumento
jaez
legible
reinstalar
remedio
residuo
retroactivo
ruido
ruin
soez
sois
solsticio

sonreirá

superstición

teísmo

transductor

triunfa

tuición

veintiuno

vídeo

2

El acento prosódico y el acento gráfico
¿Cuándo se necesita tilde?

El español ha perfeccionado su sistema ortográfico de manera que Ud. puede decir dónde está el ACENTO PROSÓDICO (*stress*), aunque esté o no esté un ACENTO GRÁFICO (*tilde*) (asumiendo, por supuesto, que la ortografía es correcta). La mayoría de las palabras no lleva tilde porque se dividen en dos categorías comunes[2].

Siempre que vea una palabra española sin tilde, fíjese en la última letra para saber dónde está el acento prosódico de esta palabra.

CATEGORÍA 1: Si la palabra termina en una vocal o un diptongo, el acento prosódico está en la PENÚLTIMA SÍLABA (la segunda del final). Palabras con esta característica también se llaman LLANAS. Las letras cursivas muestran la sílaba que lleva el acento prosódico:

*co*me	dia*man*te	*ha*bla
mos*ta*za	*ta*xi	*tri*bu
super*fi*cie	con*ti*nuo	*ha*cia

[handwritten: no puedo ver el acento]

prossdico → es el acento pronunciado
— la sílaba con mayor énfasis en una palabra

grafico → cuando hay un acento visible
(á)

---

[2] En un cálculo práctico y no científico en el que contamos las palabras en un artículo de una periódico uruguayo había 264 palabras sin tilde y sólo 19 con tilde. Eso representa no más que un 7.2% con tilde.

LLanas -
— no llevan acento gráfico si terminan en vocal n = o s

AGUDAS
la sílaba tónica está en la ultima sílaba
— no llevan tilde si terminan en n, s o vocal

También caben en esta categoría algunas formas verbales conjugadas que terminan en –s o –n, tal como los plurales de nombres y adjetivos que terminan en –s porque el plural no cambia el acento prosódico:

hablo	como	descubro	clase	contínuo
habla	come	descubre	clases	contínuos
hablas	comes	descubres	taxi	tríbu
hablan	comen	descubren	taxis	tríbus

Por eso la regla completa es: Si una palabra que no lleva tilde, termina en una vocal, un diptongo, -s y –n, el acento prosódico está en la penúltima sílaba.

CATEGORÍA 2: Todas las demás palabras, o sea palabras sin tilde que terminan en una consonante (con la excepción de –s y –n) tienen el acento prosódico en la última sílaba. Estas palabras se llaman AGUDAS:

color	costal	ciudad	avestruz
reloj	deber	estoy	maguey

El acento prosódico, o sea el lugar dónde se acentúa una palabra, está determinado por la ortografía y no por la pronunciación concreta. Un ejemplo son la –s y la –z finales. En América Latina ambas letras se pronuncian [s]. Sin embargo **crisis** se escribe sin y **lápiz** con tilde. Otro ejemplo es el fenómeno de la omisión, en el habla, de la -d final, por ejemplo en la palabra **ciudad**. Este cambio, sin embargo, sólo refiere a la pronunciación y no a la escritura o la ortografía. Por supuesto, si un escritor tratara de describir o imitar la forma de hablar de la gente, debería escribir la palabra con tilde *ciudá[3] si no se leería *ciUda. Otro ejemplo es la palabra **reloj** cuya –j final muchas veces no se pronuncia.

---

[3] El asterisco indica que la palabra 'ciudá' no existe en el diccionario de la lengua española.

Palabras como **ahínco** (*insistente*), **mohíno** (*mournful*), **búho** (*owl*), **ahíto** (*tired of*), **prohíbe** (*he/ she prohibits*) deben escribirse con tilde porque la letra 'hache' es muda y no presenta en español estándar sonido alguno, con lo que se producirían diptongos *[ái-ŋko], *[mói-no], *[buó], *[ái-to], *[prói-ße] en vez de hiatos (dos vocales plenas) [a-íŋ-ko], [mo-í-no], [bú-o], [a-í-to], [pro-í-ße]. La Real Academia de la Lengua Española dice que "la presencia de una hache intercalada no exime de la obligación de tildar la vocal tónica del hiato"[4]. De la misma forma la palabra **desahuciar** (*cancel, terminate*) y sus derivados **desahucio** y **desahuciadamente** se dividen **de-sahu-ciar** [de-sáw-θyaɾ] (Spain), etc., porque la **a** y la **u** forman diptongos.

EXCEPCIONES A LAS CATEGORÍAS 1 Y 2: Todas las excepciones de las dos categorías llevan tilde. Son excepciones todas las palabras que terminan en una vocal, **-s** o **–n** que tienen el acento prosódico en una sílaba que no sea la penúltima, o palabras que terminan en consonante (excepto **–s** o **–n**) y que tienen el acento prosódico en una sílaba que no sea la última.

EXCEPCIONES A LA CATEGORÍA 1:

maravedí	Perú	canté	condición
esdrújula	dímelo	maletín	cortés

EXCEPCIONES A LA CATEGORÍA 2:

difícil	tórax	mármol	almíbar
árbol	Martínez	cráter	carácter

Debido a esa regla algunas palabras llevan tilde sólo en singular (**maletín, reunión**) y no en plural (**maletines, reuniones**) y viceversa (**joven** pero **jóvenes**).

Todas las palabras que NO tienen el acento prosódico en la última y la penúltima sílaba, lo tienen en la ANTEPENÚLTIMA (la tercera sílaba del final de la palabra). Estas palabras también se llaman ESDRÚJULAS[5]. La mayoría de las palabras esdrújulas del español no son típicas y por eso representan excepciones a las dos

---

[4] Diccionario panhispánico de dudas. Real Academia Española, 2005, p. 655.
[5] En textos también encontramos palabras que tienen una tilde en la cuarta sílaba del final, palabras que se llaman *sobresdrújulas*. Resultan en algunos casos cuando se agregan dos pronombres al final de un gerundio o un mandato: **avisándoselo** o **estúdiatelo**.

grandes categorías descritas arriba. Muchas se han adoptado de otras lenguas como también la misma palabra **esdrújula** que viene del italiano *sdrucciolo*.

académico	agrícola	básico
cámara	médico	cómico
década	pájaro	sábado

Mucha gente comete el error de poner una tilde sobre la –i- en palabras como **construido**, **huida**, **constituida** etc. Esto no es necesario porque de acuerdo con lo que se ha dicho sobre diptongos en el capitulo anterior, cuando se combinan dos vocales débiles en una sílaba, siempre es la segunda que recibe el acento prosódico.

Dos vocales fuertes (**a, e, o**) contiguas, por supuesto, se reparten en dos sílabas diferentes y se aplican las reglas generales de acentuación sin excepciones:

caos	volveos	traer	brea

Palabras de una sílaba se escriben sin tilde (con la excepción de la tilde diacrítica). Eso también incluye las formas verbales monosilábicas de algunos verbos con diptongos:

fue	dio	vio	hui

La TILDE DIACRÍTICA no tiene nada que ver con la pronunciación de la palabra sino que solamente permite distinguir palabras con idéntica forma que pertenecen a categorías gramaticales diferentes. (Más tarde, en el capítulo 14: Ritmo, vamos a ver que no todas las palabras que llevan tilde diacrítica dentro de una frase o cadena hablada también se pronuncian con acento prosódico o de intensidad, porque en una frase u oración no todas las palabras se pronuncian con la misma intensidad.)

de	PREPOSICIÓN (*from, of*): Es el libro de Juan. SUSTANTIVO (la letra **d**) Domingo se escribe con una de.	**dé**	FORMA DEL VERBO DAR: Es necesario que Ud. me dé su dirección.
el	ARTÍCULO DEFINIDO: El abogado trabaja aquí.	**él**	PRONOMBRE PERSONAL

mas	CONJUNCIÓN ADVERSATIVA (*but, yet*): Lo vio, mas no hizo nada.	**más**	(HE/ HIM): ¿Quién es? Es él. Hablé con él. ADVERBIO (*more*): El caballo corre más rápido que la tortuga. ADJETIVO (*more*): Juan tiene más hermanos que Carlos. EN OPERACIONES MATEMÁTICAS: Uno más uno son dos.
se	PRONOMBRE (*himself, herself, themselves,*): Juan se lava. Aquí se venden periódicos.	**sé**	FORMA DEL VERBO **SER**: Yo no sé la hora.
si	CONJUNCIÓN (*if*): Si llueve, nos quedamos aquí. SUSTANTIVO (NOTA MUSICAL): Es una melodía en Si mayor.	**sí**	ADVERBIO (*yes*): Sí, estoy listo. PRONOMBRE PERSONAL REFLEXIVO: Ella se ríe de sí misma.
te	PRONOMBRE PERSONAL (*you*): Te quiero. SUSTANTIVO (la letra **t**): Tarde se escribe con una te.	**té**	SUSTANTIVO (*tea*): El té verde es muy saludable.
tu	POSESIVO (*your*): ¿Es este tu libro?	**tú**	PRONOMBRE PERSONAL (*you*): Esto es entre tú y yo.

Las palabras **adónde, cómo, cuál, cuándo, cuánto, dónde, qué** y **quién** llevan tilde cuando tienen valor interrogativo o exclamativo, cuando introducen preguntas directas (**¿Dónde está tu libro?**) o exclamaciones (**¡Qué frío hace hoy!**) o se usan en oraciones interrogativas o exclamativas indirectas (**Pregúntale dónde está su libro. Verás pronto qué frío hace hoy.**) Las mismas palabras se usan sin tilde cuando funcionan como pronombres relativos (**Estos son los estudiantes que sacaron un sobresaliente.**) o conjunciones (**Yo quiero que me acompañes.**)

La palabra **solo** puede ser adjetivo (*alone, solo*) (**¡Un café solo, por favor!**) o adverbio (*only*) (**Solo me faltan diez pesos.**) y se escribe sin tilde. La única excepción es cuando esta palabra se puede interpretar en un mismo enunciado como adjetivo o como adverbio. Para evitar ambigüedad se usa la tilde para indicar que se trata de un

uso adverbial: **Viviré solo una semana.** (*I will live alone for one week.*)
Viviré sólo una semana. (*I have only one week left to live.*)

La palabra **aún** lleva tilde cuando puede sustituirse por **todavía**
(**Aún no he dormido.**) o cuando tiene sentido concesivo, por
ejemplo en la expresión **aun cuando** (*even though*), y equivale a
aunque (Aún siendo mayor no sabía comportarse.) Se escribe sin
tilde cuando puede sustituirse por **hasta, también** o **incluso** (**Aun
los que no estudiaron aprobaron el examen.**)

Los demostrativos **este, ese** y **aquel** hoy en día se escriben sin
tilde, sea en función de adjetivo (**A mí me gusta este libro y a ti te
gustan todos.**) o en función de pronombre (**A ti te gustan todos los
libros y a mí solo me gusta este.**). Solo cuando en una oración
existe ambigüedad, se usa la tilde para indicar que se trata de un uso
pronominal: **¿Por qué pidieron ésos libros usados?** (= el sujeto es
'esos estudiantes'). Cuando se usa como adjetivo, no hay tilde: **¿Por
qué pidieron esos libros usados?** (= el sujeto es 'ellos' o 'ustedes')

Antes de la reforma de la ortografía de la Real Academia de la
Lengua Española en 1999, la norma era que cuando un mandato u
otra forma verbal llevaba tilde en la última sílaba, se conservaba la
tilde al agregar un pronombre, aunque la adición hiciera el uso de la
tilde innecesario. Así se escribía **déme, dáles, díle, estáte quieto,
supónlo,** etc. Hoy en día se consideran regulares estas formas, parte
de la categoría 1, y se escriben sin acento: **deme, dales, dile, estate
quieto, suponlo.** Por supuesto cuando se agregan dos pronombres,
hay que poner una tilde para preservar el acento prosódico: **démelo,
dáselo, déselo, supóntelo,** etc.

De acuerdo a la Real Academia de la lengua, la palabra **guion/
guión** se suele escribir sin o con tilde sin que haya cambio de
significado. Más bien tiene que ver con cómo se pronuncia. La forma
sin tilde se pronuncia [gyón] y la forma con tilde [gión]. En
Hispanoamérica en general (incluso en México y Centroamérica) se
usa la forma **guion.** En Argentina, Ecuador, Colombia, Venezuela y
España se prefiere la forma **guión.** En 1999 la Real Academia ha
establecido que en todas las palabras en la misma situación, como
ion, muon, pion, prion, Sion, etc., se da preferencia a la grafía sin
tilde.

Existen formas dobles de varias palabras, por ejemplo **periodo** y
período que reflejan pronunciaciones diferentes. Cuando se
pronuncia la palabra con un diptongo [per-yó-ðo] hay que escribir
periodo y cuando se pronuncia la palabra con hiato [pe-rí-o-ðo] hay
que escribir **período.** (Con el significado de 'menstruación', sin
embargo, se usa solo la forma **periodo.**) Un caso similar es **dinamo** y
dínamo.

Los adverbios que terminan en **-mente** son las únicas palabras en español que tienen dos acentos prosódicos o dos sílabas tónicas: FA-cil-MEN-te. Ellos conservan el acento del adjetivo original y agregan el acento de **–mente**. Cuando el adjetivo se escribe con una tilde, esta se conserva en el adverbio: **explícita – explícitamente, fácil – fácilmente; débil – débilmente; rápida – rápidamente, básica – básicamente; lógica – lógicamente;** etc.

Finalmente hay tres sustantivos en español cuyas sílabas tónicas son diferentes en singular y plural: **carácter – caracteres; espécimen – especímenes; régimen – regímenes.**

EJERCICIOS

1. Estas palabras tienen el acento prosódico en las vocales en negrita.
   Ponga tildes donde sea necesario.

Agustín

altar

anecdotas

angélicos

apice

aqui

aristotélico

armonia → antediptongo

benévolas.

biblico

celebre

clérigo

clérigos

común

connotacion

construida → diptongo

contemporanea

depósito

despues

dialectico

dialogo

diferente

dinamica

dorada

forzaran (fut.)

frio

dueña

ecos

Eden

epoca

especie

específico.

esporadico

esquemático

esquematicos

esta

estaticas

estrecha

etcetera

etimologicas

evalua

evangelica

exegesis

explicitamente

faciles

figura

folklorico

fonicamente

forja

formando

genéricos

géneros

gracias

Guillen

habil

hagiograficas

hermosa

heroes

historico

homericos

imagen

imagenes

impudico

instrumento

interes

inutilmente

jerarquico

judios

juridico

lana

latin

leon

linea

liquido

liturgicas

liturgico

llamas

logico

protegido

publico

quizas

recien

lugar

madre

mantener

Maria

martillo

martires

Menendez

merito

metaforas

metaforicas

miniaturas

monastica

mujer

ningun

nucleos

numero

ordenes

organo

pais

paises

Paraiso

patristica

piramide

poetico

portatiles

presentes

recuerda

relato

representa

retoricos

reyes	Teofilo
romanico	teologica
rubrica	teologo
semanticos	terminos
sermon	unica
simbolica	utilitarismo
similares	veanse
situa	vehiculo
sovietica	virgen
subraya	virgenes
suplica	vision
tambien	vuelve
tecnica	

2. Lea el siguiente texto y ponga tildes donde sea necesario. Las letras en negrita en algunos nombres, formas verbales y palabras que tal vez no le sean familiares, marcan el lugar dónde se encuentra el acento prosódico

La Guantanamera

La Guantanamera es una de las canciones más famosas del mundo. El cantante habanero Joseíto Fernández la compuso un incierto día de 1928. Era durante el regimen de Gerardo Machado, uno de los líderes de los regímenes corruptos que se sucedieron entre mil novecientos trece y mil novecientos cincuenta nueve en el país. No soñó con que medio siglo después su canción se convertiría en un auténtico himno de Cuba. Joseíto y *La Guantanamera* fueron, gracias al cantante norteamericano Pete Seeger, quien la popularizó en la década de los sesenta, los precursores del gran boom internacional que la música popular cubana vive en nuestros días.

Seeger pensó que era una canción de carácter folclórico. Le puso estrofas de varios *Versos sencillos* de José Martí: "*Yo soy un hombre sincero/ de donde crece la palma/ y antes de morirme quiero/ echar mis versos del alma"* y la canción empezó a rodar por todo el mundo. Luego vinieron las versiones del trio californiáno The Sandpipers y del frances Joe Dassin, y *La Guantanamera* se convirtió en una mina de oro.

Ajeno a este exito y a los derechos de autor, no fue hasta mil novecientos setenta y uno que Joseíto Fernández le pudo contar a Seeger la verdadera história de la canción. Joseíto murió el once de octubre de mil novecientos setenta y nueve, sin ahorros ni lujos, aunque al menos su nombre quedó grabado en la historia de la música cubana y mundial.

3
La ortografía: letras problemáticas

El español suele calificarse de lengua fonética lo que quiere decir que se escribe tal como se pronuncia. Muchas veces esto es verdad, pero tenemos algunos sonidos críticos que tienen una pronunciación similar aunque se escriben con letras diferentes.

G, J, X

La **j** puede aparecer delante de cualquier vocal:

jamón	**j**erarquía	**j**inete	**j**orobado	**j**ubilar

La **g**, siempre que aparece delante de **e** e **i**, se pronuncia como jota,:

G + e, i   gemir, Ginebra

Por eso en la conjugación de los verbos cuyo infinitivo termina en –**ger**, la **g** se convierte en **j** delante de –**a** y –**o**:

INFINITIVOS QUE TERMINAN EN -GER:

escoge**r**   escoj**o**
escog**e**   escoj**a**

Como la **j** puede aparecer delante de cualquier vocal, en los verbos cuyo infinitivo termina en –**jar**, no hay ningún cambio:

INFINITIVOS QUE TERMINAN EN **–JAR**

dejar   dej<u>e</u>
manej<u>ar</u>   manej<u>e</u>

Aparte de esta regla, no hay ningún método seguro para decidir si el sonido de la **jota** delante de **e** e **i** se escribe **j** o **g**, pero hay una serie de indicios para acertar la ortografía correcta. Pregúntese si existe la misma palabra con el mismo significado en inglés. Si esto es el caso, y la palabra en inglés se escribe con una **j** o una **x**, la palabra en español también tiene una **j**: **adjetivo** (*adjective*), **majestad** (*majesty*), **subjetivo** (*subjective*), **sujeto** (*subject*), **objetivo** (*objective*), **ejemplo** (*example*), **ejercicio** (*exercise*), **ejecución** (*execution*), etc. Si se escribe con una **g** en inglés, es muy probable que se escribe con una **g** también en español: **género** (*gender*), **génesis** (*genesis*), **gigante** (*giant*), **general** (*general*), etc.

Cuando una palabra se deriva de otra básica con **–j, -jo** o **–ja**, la **j** se conserva: **espejo < espejo, consejero < consejo, enrojecer < rojo, fijeza < fijo, granjero < granja, hojear < hoja, vejez < viejo**, etc.

La terminación **–aje** siempre es invariable: **espionaje, garaje, sabotaje, lenguaje, paisaje, mensaje, porcentaje, salvaje, viaje**[6].

Hay solo pocas palabras donde la letra **x** se pronuncia **jota:**[7]

Mé<u>x</u>ico   Oa<u>x</u>aca   <u>X</u>avier

El sonido [g] como en la palabra **gustar**, se escribe **gu-** delante de **–e** e **–i**, y solo **g** delante de **–a, -o** y **–u**:

---

[6] Hay unas pocas excepciones de esta regla general, por ejemplo **colage** (francés e inglés = **collage**) que conserva la **g** del francés.

[7] Hay gente, por supuesto ningún mexicano, que quiere escribir **México** con una **j** en vez de **x**. Basta con mirar una estampilla, una moneda o un billete de México para saber cómo se escribe en realidad.

guerra	Guillermo	ganar	gol	gusano

Si se necesita el sonido [w] delante de la –e o la –i, hay que usar una **u** con diéresis (**ü**); **güa** siempre se pronuncia [gwa]; **güo** siempre se pronuncia [gwo]:

[gwe, gwi]	güecho	argüir
[gwa, gwo]	Guatemala	antiguo

B y V

Estas dos letras tienen la misma pronunciación en el mismo contexto fonético, [b] al principio de una palabra o después de silencio y después de nasal; [ß] en los demás contextos. Muchas veces ayuda la comparación con el inglés porque existen muchos COGNADOS[8] que usan la misma consonante. Las demás palabras, si todavía no las sabe, las tiene que memorizar:

Cognados:

visión, bisonte   **búlgaro, vulgar**

Palabras que debería saber:

vez, beso   **ave, abeja**

Menos comunes, no son cognados (palabras problemáticas):

badajo *clapper of a bell* , **vajilla** *dishes*
voladura *explosion*, **bostezar** to yawn

---

[8] Cognados son palabras que se escriben de la misma forma o de forma similar y que significan más o menos lo mismo.

S, Z, C, X

El sonido [s], como en la palabra inglesa *sing*, puede escribirse de cuatro formas diferentes en español. La letra **s** se pronuncia como la [s] básica en inglés delante de cualquier vocal. En América Latina la **c** + **e**, **i** y la **z** delante de cualquier vocal se pronuncian como [s] también. Al final de palabra la −z también se pronuncia como [s].

La **x** se pronuncia [s] en posición inicial de palabras como **xenofobia** (como en **semáforo**). En un lenguaje relajado también se puede pronunciar [s] delante de consonante, por ejemplo **extra** como **esta**.[9]

S ANTE CUALQUIER VOCAL:
    sacerdote, seco, sincero, sobre, sustituir

C+ E,I; Z+ A,O,U:
    cine, cena; zona, azul, zambra

Z FINAL:
    lápiz, avestruz

X + CONSONANTE:
    expirar, extremo, Taxco, explicar, extremo.

H

La **hache** siempre es muda, no se pronuncia. Por eso uno tiene que saber cuándo se escribe. Otra vez nos ayudan los cognados aquí:

---

[9] La **x** en la ciudad mexicana Taxco siempre se pronuncia [s].

PALABRAS QUE YA DEBERÍA SABER:

Oaxaca vs. almohada   oler vs. holgar
ilusión vs. hilandera   amor vs. hambriento

COGNADOS Y PALABRAS QUE YA SABE:
honor, hora, hotel, hispano
haber, hoy, hasta

C, QU, K

El sonido [k] se escribe **c + a, o, u** y **qu + e, i**:

C + A, O, U: **casa, columna, culebra**
QU + E, I: **queso, química**

La **u** después de **q-** y seguida de **e** o **i** nunca se pronuncia: **que, quizá.** Se pronuncia [w] la **u** después de **c-** seguida de **a, e, i, u**: **cuanto, cuento, cuidado, cuota.** Hay unas pocas palabras extranjeras en las que el sonido [k] se escribe **k**: **kilómetro, Kremlin.**

EJERCICIOS

1. Llene los espacios con la letra que corresponde al sonido [x] y escriba el equivalente inglés al lado de la palabra. (Tendrá que consultar el diccionario para algunas palabras.)

el ___apón

___enerar dinero

___enético

___eométrico

el espiona___e

___erusalén

___oven

el ___enitivo

___udicial

aconse___ar

ad___etivo

ba___ar

el cora___e

de___ar

yo de___é de ___ugar

el porcenta___e

el ___ardín

el ___emelo

el ___énero

el ___énesis

el ___igante

el ___udaísmo

el ___ueves

el aprendiza___e

el gara___e

el lengua___e

la mon___a

el pasa___e

empu___ar

en ___eneral

la ___ente

la ___itana

la ___oya

la ___ungla

la ___usticia   (Aconsé___eme!

la venta___a   salva___e

Mé___ico

___inebra

2. Llene los espacios con la letra que corresponde al sonido [g].

La ___allina pone huevos, el ___allo no.

La Se___unda ___erra Mundial terminó en 1945.

El entre___a su informe sobre ___oya.

La ___errilla Sendero Luminoso existió en Perú.

La ___inea Ecuatorial es un país en Africa.

La ___arantía caduca en un mes.

El meren___e es un baile típico de la República Dominicana.

Me duele la ___ar___anta.

En Europa hay muchos alber___es juveniles.

La ___itarra es un instrumento de música.

3. Llene los espacios con la(s) letra(s) que corresponde(n) al sonido [k].

el ___ilo

ad___irir

a___ello

ar___eológi___o

al___ilar

el ata___e

blan___o

a___í

el ___eso

el blo___e

___alifi___ar

es___iar

el bos___e

la es___ina

el ___ilómetro

___ími___o

la ta___illa

el papri___a

___ebrar

el ___as___o

tran___ilo

me___áni___o

in___ai___o

vol___áni___o

4. Llene los espacios con la letra que corresponde al sonido [s].

¿Vamos ___in o con Juan?

¿Es ___imple o difí___il?

Yo soy un hombre ___in___ero, de donde cre___e la palma.

¿Quién no cono___e la La ___infonía número 9 de Beethoven?

Treinta y ___inco (35) y veinti___inco (25) son ___e___enta (60).

La ___e___e___ión o separación definitiva de Portugal de España ocurre en 1640.

Contemos: ___ero, uno, do___, tre___, cuatro, ___inco, ___eis, ___iete, die___, on___e, do___e, tre___e, cator___e, quin___e, die___iseis,...

¡Luchemos por la pa___ en el mundo!

los Amish son pa___ifistas.

La capital de Vene___uela es Caraca___.

El oxígeno es un ga___.

La capa___idad de esta sala es ___incuenta per___onas

Vivimos en el segundo pi___o de la ca___a.

Tienes que ven___er la pere___a si quieres sacar buenas nota___.

Sui___a y Sue___ia son dos paí___es europos.

5. Encuentra los dos errores en la siguiente página de la Red para hispanohablantes:

Escucha a Rumba En Vivo
Haz click [aquí] para lansar nuestro tocador de música electrónico.

ORGULLO LATINO

Para ser elegible para participar en cualquier concurso de Rumba 1480 tienes que recidir en el "Total Survey Area" de la emisora.

6. ¿Hay una **hache** en las siguientes palabras?

Este muchacho es capaz de ___acer el trabajo porque es muy ___ábil.

El pobre niño es ___uérfano.

El ___acero es un metal.

John ___abla español.

Mira ___acia la derecha.

Una ___acacia es un árbol o ___arbusto de flores ___olorosas.

El pan se hace con ___arina y ___agua.

Giuliani fue un ___alcalde muy conocido de Nueva York.

Ya no puedo más. Estoy ___arto de tus ___istorias.

Un ___istmo es una lengua de tierra que une dos continentes o una

península con un continente.

___ay un ___ueco en la blusa.

Las gallinas ponen ___uevos.

El perfume ___uele muy bien.

No quiero ___oler su perfume.

Hay muchos ___indúes en la India.

¿Qué ___ora es a___ora?

¡___ojalá venga Juan!

7. ¿Encuentras el error en el siguiente anuncio?

RUMBA

**se a mudado a
1480AM**

4
Las consonantes, el alfabeto fonético y los fonemas

Ud. aprendió en el colegio que hay VOCALES (**a, e, i, o, u**) y que las demás letras representan consonantes. ¿Sabe Ud. también el por qué de esta división? La diferencia es muy clara: UNA VOCAL ES UN SONIDO QUE SALE DE SU BOCA SIN NINGÚN OBSTÁCULO. Cuando Ud. dice *ah*! o *ee*! o cualquier otro sonido vocálico en cualquier lengua, nada interrumpe o obstaculiza el flujo de aire. Una CONSONANTE, sin embargo, ES UN SONIDO QUE ANTES DE SALIR DE LA BOCA, TIENE QUE PASAR POR UN OBSTÁCULO QUE LO MODIFICA DE ALGUNA MANERA.

Los próximos capítulos se dedican a las consonantes en español. Se describirá cómo se producen, cuáles son las diferencias entre el sistema consonántico del español y del inglés y cómo se pueden sobrepasar los tropiezos en la pronunciación de las consonantes en español que son causados por la interferencia con el inglés. Antes de empezar la descripción usted debe familiarse con las tres características esenciales de una consonante:

1) si es sorda (*unvoiced* o *voiceless*) o sonora (*voiced*),

2) dónde se articula y

3) cómo se articula.

PRIMERO: Para saber si una consonante es SORDA o SONORA basta con colocar un dedo en LA LARINGE (*voice box*) al producir el sonido de una **m** o una **v**. Sentirá una vibración de sus CUERDAS VOCALES porque ambos sonidos son sonoros. Cuando hace la misma cosa al pronunciar una **f** o **sh**, no sentirá ninguna vibración porque estos sonidos son sordos. La **p** de *pin* es la variante sorda de la **b** sonora en *bin*. La **s** de *phase* es la variante sonora de la **c** sorda en *face*.

SEGUNDO: Tiene que saber el PUNTO DE ARTICULACIÓN (*point of articulation*) de una consonante que es el punto en la boca donde se forma el sonido. La **m**, la **p** y la **b** por ejemplo se articulan con los dos labios. Por eso se llaman sonidos BILABIALES. Los labios están completamente cerrados al producir la **m**. El aire se escapa por la nariz. También están cerrados los labios al principio cuando se producen la **b** o la **p**, pero no se deja salir el aire por la nariz sino que, después de aumentar la presión en la boca, se abren los labios y el aire se escapa por la boca. Esto se llama oclusión. La diferencia entre la **b** y la **p** es que la primera es sonora y la segunda es sorda.

Las consonantes LABIODENTALES se forman con el LABIO INFERIOR (*lower lip*) y LOS DIENTES SUPERIORES (*upper teeth*). La **f** y la **v** son labiodentales.

Los sonidos INTERDENTALES se producen con la PUNTA DE LA LENGUA ENTRE LOS DIENTES. El inglés tiene dos: la **th** de *bath* y *bathe*.

Inmediatamente detrás de los dientes se encuentran los ALVÉOLOS (*alveolar ridge*). Explore el interior de su boca con la lengua y sentirá que detrás de los alvéolos su PALADAR (*palat*) sube casi verticalmente. Las consonantes que se articulan con la lengua y los alvéolos lógicamente se llaman ALVEOLARES (en inglés se pronuncia [alveelur]). En inglés la **s**, **z**, **t**, **n**, **l** y **d** son sonidos alveolares: *see, zebra, tin, now, low, din*.

Los sonidos PALATALES se forman con el DORSO (*back*) de la lengua y el paladar sin que ambas hagan contacto. En inglés el sonido **sh** en *ash* y la **s** en *pleasure* son consonantes palatales.

Las consonantes VELARES se articulan con el POSTDORSO (*the back of the back*) y el VELO del paladar. La **k**, la **g** en *go* y la **ng** en *king* son consonantes velares.

En español también tenemos consonantes DENTALES que se forman por el contracto entre el ÁPICE DE LA LENGUA (*tip of the tongue*) y la CARA INTERIOR DE LOS INCISIVOS SUPERIORES (*back of the upper incisors*). Son la **t** y la **d**.

TERCERO: Tiene que saber cómo se producen las consonantes, o su MODO DE ARTICULACIÓN (*manner of articulation*). Parte de las consonantes sufren cierta fricción o roce antes de salir de la boca. Estos sonidos se llaman FRICATIVOS (*fricatives*). La **s** en *see*, la **f** en *free* y la **s** en *pleasure* son fricativos. Hay un número de fricativos en inglés y algunos más en español.

Un sonido OCLUSIVO (*occlusive*) es un sonido en cuya producción se bloquea la salida del aire primero y después se abre la obstrucción y se deja salir el aire. La **p** en *pin*, la **t** en *tin* y la **k** en *kin* son oclusivos sordos; la **b** y la **g** en *big* y la **d** en *din* son oclusivos sonoros. Hay una variedad de oclusivos en inglés y en español.

Para la producción de las consonantes NASALES (*nasal*) también se bloquea el aire con la lengua o los labios y como único escape queda la nariz. La **m** en *more*, la **n** en *nor* y la **ng** en *sing* son consonantes nasales. El español también tiene estas tres y otras más.

Los siguientes tres tipos de consonantes son importantes pero tienen solo muy pocos miembros.

Los AFRICADOS (*affricates*) son una combinación de oclusivos y fricativos. La **ch** en *chin* es un sonido africado. Empieza como un oclusivo y termina como un fricativo. Son básicamente dos sonidos.

Los LATERALES (*laterals*) son sonidos que se producen en los dos lados de la lengua y la boca. Incluyen la **l** en *love* y *hall*.

Los VIBRANTES SENCILLOS Y MÚLTIPLES (*flaps and trills*) se llaman así porque se producen por la vibración o el rápido contacto oclusivo, simple o múltiple, entre la lengua y los alvéolos. La **r** en **caro** es una vibrante simple y la **rr** en **carro** es una vibrante múltiple. La **r** en inglés no es ni una vibrante simple ni múltiple, aunque sí también existe el fenómeno de la vibración simple en inglés. De eso hablaremos más adelante.

Una vez que sepa estos tres puntos de referencia, Ud. podrá describir fonéticamente cualquier consonante, exista o no en español, y si la persona para la que hace la descripción sabe estos tres conceptos, debería poder producir el sonido. Entonces, si Ud. dice que la **g** en **hago** en español es un sonido velar, fricativo y sonoro, esta persona debería poder reproducirlo. Si su amigo francés tiene problemas con pronunciar la **th** inicial en *think* (porque este sonido no existe en francés, es posible que él diga *sink*, *fink* o *zinc*), todo lo que tiene que decir es "No, no es eso. En inglés es un sonido interdental fricativo sordo." Esto debería resolver el problema, por supuesto solamente si esta persona sabe la terminología fonética. El problema también es que el sonido es nuevo para la persona y que es difícil erradicar viejos hábitos y adquirir nuevos. Acuérdese de eso cuando su progreso en este curso le parezca lento.

EL ALFABETO FONÉTICO

A mediados de los años 1880 algunos científicos de la Universidad de Cambridge organizaron la Asociación Internacional de Fonética. Ellos constataron que cada letra del alfabeto romano podía representar varios sonidos diferentes, no solamente en inglés sino en todas las lenguas del mundo. Por eso empezaron a inventarse un conjunto de símbolos de los cuales cada uno iba a representar un sonido, no solamente de una lengua particular sino en todas las lenguas conocidas.

Aquí tenemos algunos problemas que se pueden resolver fácilmente con el alfabeto fonético. En el mismo inglés hay una gran variación. Compare por ejemplo las diferencias de pronunciación de:

a) **–ng-** en *singer, finger* y *ginger*;

b) la g en los siguientes pares de palabras que se escriben casi de forma idéntica: *forger, forget; anger, danger; eager, wager; laughter, daughter*;

c) la doble s en *possessions* y *assign*;

d) **who-** en *who, whole* y *whoa*;

e) la s en *house* y *houses*;

f) *should* y *shoulder*;

g) **–ough-** en *rough, trough, through, thorough* y *thought*;

h) **–ear** en *hear, heard, heart*;

i) **–omb** en *bomb, comb, tomb*;

j) **–ove** en *move, love* y *dove* (el pasado de *dive*);

k) **–ice-** en *police, justice, licorice*

l) etc.

Observe también las dos pronunciaciones posibles de las siguientes palabras: *wound, produce, refuse, polish, lead, present, object, invalid, row, does, sewer, sow, wind, number, tear, subject*. Note las dos pronunciaciones de *graduate* en estos dos contextos: *"I will graduate in June.'* y *"I'll be a graduate student."*

En los ejemplos anteriores usted vio que la ortografía de una palabra en inglés no siempre indica inequívocamente cómo se debe pronunciar y que para leer en voz alta, a veces necesita más información acerca de la pronunciación concreta.

Cuando uno no se limita solo al inglés sino incorpora otras lenguas, los problemas se multiplican. El grupo **ch** en inglés y en español se pronuncia de la misma manera (*chanel*, **chiste**), pero en francés y portugués siempre es **sh** como en *ship* (fr. *cache*, port. *chave*); en polaco es como la **jota** en español (*chór* = chorus); en italiano es como una **k**: *chianti*. La **ç** se pronuncia como **s** en francés y portugués pero en turco es como la **ch** en inglés (*çok* = very).

Es un gran problema cuando alguien trata de leer un texto en una lengua extranjera y usa, naturalmente, los sonidos que corresponden a las letras de su lengua materna porque no sabe las reglas de pronunciación de la otra lengua. ¿Qué más puede hacer? Cuando Ud. está en la taquilla de la estación de trenes en Varsovia y quiere ir a łódž, naturalmente va a decir [lodz] (como en *'loads'*). Por supuesto nadie le va a comprender porque el nombre de la ciudad se pronuncia [woodj] (como en *'Would ya like ...'*). Había también una muchacha americana en Madrid que quería ir a la 'Plaza del Callao' y que le preguntó a un transeúnte dónde estaba 'Callao' (pronunciando –llao como en *'layover'*). No sorprenderá que nadie la comprendió. La forma de pronunciar las palabras de una lengua extranjera usando el sistema fonético de la lengua materna se llama 'graph-bound' en inglés.

No obstante la vertiginosa multitud de pronunciaciones para una única letra y el inmenso número de sonidos posibles en todas las lenguas del mundo, esos filólogos británicos crearon el ALFABETO FONÉTICO INTERNACIONAL. Ellos guardaron las letras del alfabeto romano (cada una para un sonido específico). Además de esto inventaron alrededor de   veinticinco variantes de estas letras y aproximadamente treinta símbolos diacríticos (acentos por ejemplo son símbolos diacríticos).

Si nuestros viajeros hubieran tenido transcripciones fonéticas de los lugares adonde querían ir, [wúǯ] for 'łódz' y [kayáw] por 'Callao', se los habría comprendido.

En los capítulos que siguen Ud. va a aprender el alfabeto fonético para describir los sonidos del español (y algunos del inglés también).

FAMILIAS DE SONIDOS

La tendencia de pronunciar las palabras de una lengua extranjera como si fuera nuestra propia es un gran obstáculo. Otro problema lo representan las familias de sonidos. Estas últimas son series de sonidos que están relacionados fonéticamente que se usan en circunstancias fonéticas diferentes. Los hablantes nativos suelen desconocer que hay una variación cualquiera entre estos sonidos. Usemos el ejemplo de la t: La familia de la t en inglés tiene diversas variaciones. Al principio de una palabra (y al principio de una sílaba tónica), por ejemplo en la palabra *tick*, la t está acompañada de una pequeña explosión de aire que es suficiente para extinguir un fósforo, aun cuando usted habla en voz baja. Cuando la t es el segundo sonido de una sílaba, por ejemplo en la palabra *stick*, no ocurre esto. (Si se apaga el fósforo cuando grita la palabra *stick* es por la fricción que produce la s y no por la t.) Normalmente cuando se produce el sonido de la t, primero la lengua bloquea el pasaje de aire en el lugar de los alvéolos (*alveolar ridge*) y después reabre el pasaje. Al final de palabra, por ejemplo en *bat*, no hay que soltar el aire. En palabras donde la t está precedida de una l, por ejemplo en *bottle*, el aire de la t se desliza por los dos lados de la lengua. En el inglés americano la pronunciación de la t entre vocales, por ejemplo en *get up*, consiste en una vibración simple de la lengua. Todos los ejemplos anteriores prueban que en inglés existen cinco variantes del sonido de la t. Si Ud. usa el mismo sonido, por ejemplo la t de *tick* en todos los contextos, la gente le comprenderá perfectamente (aunque pensarán, con razón, que su pronunciación es algo extraña) porque Ud. se quedó en la misma familia de sonidos.

Ahora, ¿cómo se distinguen estas familias de sonidos las unas de las otras? Cuando se sustituye un sonido por otro y la palabra sigue teniendo el mismo significado (tal como sugerimos con el ejemplo de ts), los dos pertenecen a la misma familia. Cuando se sustituye un sonido por otro y la palabra cambia de significado, los dos pertenecen a familias diferentes. En inglés tenemos tres pequeñas familias de sonidos, una de la n, otra de la m y otra de ng (como en *sing*). En inglés *seen*, *seem* y *sing* significan tres cosas diferentes. Por eso estos sonidos nasales son miembros de tres familias diferentes.

En español la n se asimila al sonido de la consonante siguiente, o sea se acerca al punto de articulación de esta consonante. La palabra **sin** en **sin dinero** se pronuncia como "*seen*"; en **sin bases** se articula como "*seem*"; y en **sin ganas** suena como "*sing*". Estos tres sonidos son miembros de la misma familia en español porque a pesar de las variaciones fonéticas, las tres significan lo mismo: *without*. Ud. comprenderá dónde surgen los problemas cuando un hispanohablante trata de aplicar las reglas fonéticas de su lengua natal al inglés, algo que hará subconscientemente, sin pensar, y dirá "*I have seen dogs*" (ningún problema todavía), "*I have seem bananas*" (¡qué raro!) y "*I have sing cats*" (¿qué es eso?)

Aplicando las familias de sonidos del inglés al español, resulta en un "acento americano". Una vez que Ud. sepa las familias de sonidos de las dos lenguas y cómo funcionan, Ud. podrá empezar a usar las familias de sonidos del español correctamente y a pronunciar el español como los hispanohablantes nativos.

Los lingüistas suelen llamar FONEMAS (*phonemes*) a estas familias de sonidos. Nosotros también las llamaremos así en lo que sigue. Los fonemas se escriben entre dos barras. /n/ por ejemplo significa "el fonema n". Los miembros de la familia son los sonidos mismos y se representan con símbolos fonéticos entre corchetes, por ejemplo [n]. Los sonidos entre corchetes –los miembros de las familias de sonidos o fonemas- se llaman ALÓFONOS (*allophones*). Los fonemas son nombres, no son sonidos. Como representan una familia de sonidos diferentes, ellos mismos no tienen ningún valor fonético. Este concepto se entiende fácilmente si piensa en una familia de personas, por ejemplo los *Marx Brothers*. El apellido se escribe entre barras /Marx/. Los miembros de la familia son [Groucho], [Harpo], [Chico], [Zeppo] y [Gummo]. Ud. puede decir "Dibújame un retrato de [Chico]" porque él es una entidad, una persona con una forma y un aspecto concretos, pero Ud. no puede dibujar un retrato de /Marx/, porque *Marx* es solo un nombre, una etiqueta, que denomina cinco individuos diferentes. Otro ejemplo es /General Motors/. Ud. no puede decir "Voy a comprarme un /General Motors/", porque este es el nombre de la compañía que produce vehículos que van de coches pequeñitos a tractores gigantes. Ud. tiene que decir "Bueno, voy a comprarme un Cadillac." Lo que sí podría desorientarle es que a veces se usa el mismo símbolo por el fonema y el alófono, por ejemplo /n/ y [n]. Siempre tiene que decirse: "Un fonema es solo un nombre y los alófonos son los sonidos mismos. Un fonema es una abstracción y nunca representa ningún sonido específico."

En este libro vamos a describir cada fonema de la forma siguiente: primero vamos a indicar el nombre del fonema entre barras /n/, segundo vamos a enumerar todos los alófonos de este fonema entre corchetes [n]; tercero vamos a describir como suenan (en el caso de los alófonos consonantes, por ejemplo, si son sordos y sonoros, dónde se forman y cómo). También vamos a indicar los contextos fonéticos en los que ocurren.[10]

---

[10] Los contextos fonéticos de la **k** por ejemplo son básicamente los siguientes: posición inicial (**cat**), entre vocales [intervocalic] (**accord**), posición final (**rack**), entre vocal y una consonante (**recluse**), entre una consonante y una vocal (**alcohol**), entre consonantes (**banks**). Algunas veces los contextos serán muy específicos, por ejemplo entre una vocal y ciertas consonantes.

Ud. verá en las siguientes lecciones que esto será mucho más fácil de lo que parece ahora. Verá que algunos fonemas tienen solo un alófono y que otros tienen dos o más. Un fonema en español por ejemplo tiene seis alófonos.

5
Los fonemas /p, t, k/

¿Qué podría ser más sencillo que empezar con estos sonidos "fáciles"? se preguntará usted. No obstante será posible que la pronunciación correcta de [p, t, k] en español le requiera mucha práctica. El problema es que estos sonidos son solo similares pero no idénticos en inglés y español y que, por interferencia, usted aplica el sistema del inglés al español. Aquí tenemos los fonemas y alófonos en español:

Español

/p/		
	[p]	OCLUSIVO BILABIAL SORDO, SIN ASPIRACIÓN
		en todos los contextos: **pensar, esperar, aplauso, capa**
/t/		
	[t̪]	OCLUSIVO DENTAL SORDO, SIN ASPIRACIÓN
		en todos los contextos: **tal, estrella, hasta, criticar**
/k/		
	[k]	OCLUSIVO VELAR SORDO, SIN ASPIRACIÓN
		en todos los contextos: **calor, asco, accidente, aquí**

Note que estos sonidos se articulan de la misma manera en cualquier contexto. Observe también que la **t** en español es dental. Esto significa que se pronuncia con el predorso de la lengua y los dientes superiores. Ahora compare esos fonemas con los del inglés y verá los problemas que resultan de la aplicación de los alófonos del inglés en español.

/p/

[pʰ]   OCLUSIVO BILABIAL SORDO, CON ASPIRACIÓN
en posición inicial y al principio de sílaba tónica:
pit, peck, impeccable

[p]   OCLUSIVO BILABIAL SORDO, SIN ASPIRACIÓN
en todos los demás contextos: **spit, speck, happy,
lap, aspiration, caps**

/t/

[tʰ]   OCLUSIVO ALVEOLAR SORDO, CON ASPIRACIÓN
en posición inicial y al principio de sílaba tónica:
tick, tall, attract

[ɾ]   VIBRACIÓN SIMPLE ALVEOLAR SONORA
entre vocales, escrito **t** o **tt**: **later, better, I gotta
go, get up, get outta bed**

[t]   OCLUSIVO ALVEOLAR SORDO, SIN ASPIRACIÓN
sin aspiración en todas las demás posiciones: **stick,
stall, heat, hats, lasting**

/k/

[kʰ]   OCLUSIVO VELAR SORDO, CON ASPIRACIÓN
en posición inicial y al principio de sílaba tónica:
cat, kin, incredible

[k]   OCLUSIVO VELAR SORDO, SIN ASPIRACIÓN
en todos los demás contextos: **skat, skin, seeking,
track, lacks, asking**

Usted puede ver fácilmente dónde hay peligro de interferencia. Si usted aplica los fonemas del inglés al español, **ptk** al principio de palabra serán aspiradas. En posición intervocálica **t** y **tt** serán pronunciadas como [ɾ] tal como la **r** entre vocales en español. También la **t** será alveolar, como en inglés, en vez de dental, aunque esto sea de menor importancia.[11]

Aquí están algunos métodos para vencer estos casos de interferencia: Evitar la aspiración no es tan difícil como parece. Las palabras inglesas *pit, tick* y *cat* tienen sonidos aspirados en posición

---

[11] La pronunciación de la **t** dental (tal como la **d** dental que se tratará en el capítulo siguiente) podría resultar el sonido más difícil para anglohablantes porque la diferencia entre la **t** dental sin aspiración y la **t** alveolar sin aspiración es muy sutil. Por eso, si este queda su único sonido con el que tiene problemas, es probable que nadie se dé cuenta de ello.

inicial. Sin embargo, si usted agrega una **s** al principio, no hay aspiración tampoco en inglés: *spit, stick* y *scat*. Podemos usar este hecho para "engañar" nuestros órganos vocales y así evitar la aspiración de **ptk** iniciales. Comience con palabras con la combinación de **s** + **ptk** al interior de palabra, por ejemplo "Oscar", repítalas (**OscarOscarOscarOscarOscarOscar**) y después de algún tiempo traslade el comienzo de palabra a la segunda sílaba (**caroscaroscaroscaroscaroscaros**) manteniendo la pronunciación de la **c** en **caros** sin aspiración como en **Oscar**. Puede practicar la pronunciación de **t** y **p** iniciales sin aspiración también con **costar/ tarcos** y **aspar/ paras.**

Otro "truco" para eliminar la aspiración es pronunciar **ptk** iniciales como si fueran **bdg** porque estos sonidos sonoros nunca tienen aspiración. Empiece con **bdg** iniciales y quíteles la sonoridad. Por ejemplo repita **basta** diez veces o más y después cámbielo a **pasta** (sin aspiración y sin sonoridad). (Habrá más ejercicios como estos al final de este capítulo.)

El problema de la pronunciación de la **t** inglesa entre vocales tiene una solución muy sencilla. Primero uno hay que darse cuenta de ello y después evitar que una palabra como **pato** (*duck*) suene como **paro** (*work stoppage*).

El problema de que la **t** en español es dental en vez de alveolar como en inglés, o sea que se forma con el predorso de la lengua contra el dorso de los dientes superiores, no tiene fácil solución. Simplemente hay que recordar de tocar los dientes con la lengua en vez de los alvéolos.

EJERCICIOS

El fonema /p/

1. En inglés, la p después de una s no tiene aspiración, a no ser que comience una sílaba tónica. Repita la siguiente lista de palabras donde la p empieza una sílaba atónica.

caspa	esperar	obispo	áspero
césped	chispas	huésped	obispos
áspero	desesperado	diáspora	disparar
disponer	disputar	esperar	español
espiral	hospital	perspicaz	próspero

2. Ahora repita los siguientes pares de palabras que empiezan con p pero que van precedidos por los artículos los y las. Primero pronúncielas como si el artículo y el nombre formaran una palabra y después haga una pequeña pausa entre la s y la p manteniendo la pronunciación sin aspiración anterior.

lospedazos	los pedazos	lospeligros	los peligros
laspajadas	las pajadas	laspelículas	las películas
lospacientes	los pacientes	lospilotos	los pilotos
lospadrinos	los padrinos	lospimientos	los pimientos
laspaellas	las paellas	laspiñatas	las piñatas
lospaisajes	los paisajes	lospoderes	los poderes
laspalabras	las palabras	lospoemas	los poemas
lospeinados	los peinados	lospolicías	los policías
laspreguntas	las preguntas	lospulmones	los pulmones

3. Una b inicial en inglés siempre se pronuncia sin aspiración. En este ejercicio usted debe tratar de "engañar" sus órganos vocales. Primero repita varias veces cada palabra en la primera columna (babel/babel/babel...) y después repita varias veces la palabra en la segunda columna (papel/papel/papel...) concentrándose en no aspirar la p como si fuera una b.

baja	paja	basto	pasto
bajada	pajada	bata	pata
bala	pala	beca	peca
banda	panda	besar	pesar
baño	paño	beso	peso
bar	par	boca	poca
basa	pasa	bollo	pollo

bomba	pompa	bote	pote
borra	porra		

4. Ahora lea en voz alta los siguientes dichos.

Al buen pagador no le duelen prendas.

La perdiz por el pico se pierde.

Palos porque bogas, palos porque no bogas.

Perdiendo aprendí: más vale lo que aprendí que lo que perdí.

El que mucho abarca poco aprieta.

El que compra barato compra cada rato.

5. Lea el siguiente trabalenguas.

Debajo de aquella pequeña peña,
hay otra peña más pequeña
que la peña pequeña,
que había encima
de la peña más pequeña.

El fonema /t/

6. En inglés, la **t** después de una **s** no tiene aspiración, a no ser que comience una sílaba tónica. Repita la siguiente lista de palabras donde la **t** empieza una sílaba atónica:

esta	estadística	estación	estatura
estimular	estudiar	castellano	castigar
costa	destacar	destilería	distinción
fiesta	festival	gasto	gusto
hasta	justo	lástima	místico

7. Ahora repita los siguientes pares de palabras que empiezan con **t** pero que van precedidos por los artículos **los** y **las**. Primero pronúncielas como si el artículo y el nombre formaran una palabra y después haga una pequeña pausa entre la **s** y la **t** manteniendo la pronunciación sin aspiración anterior.

lostambores	los tambores	lastenazas	las tenazas
lostabacos	los tabacos	lostobillos	los tobillos
lostaburetes	los taburetes	lostoledanos	los toledanos
lostalentos	los talentos	lostomates	los tomates
losteatros	los teatros	lastonterías	las tonterías
losteclados	los teclados	lastormentas	las tormentas
lostecnólogos	los tecnólogos	losturistas	los turistas
lostejidos	los tejidos	lostucanes	los tucanes
losteléfonos	los teléfonos	lasturbinas	las turbinas
lostemores	los temores	losturrones	los turrones

8. Una **d** inicial en inglés siempre se pronuncia sin aspiración. Primero repita varias veces cada palabra en la primera columna (**dejado/dejado/dejado ...**) y después repita varias veces la palabra en la segunda columna (**tejado/tejado/tejado ...**) concentrándose en no aspirar la **t** como si fuera una **d**.

dan	tan	dejo	tejo
dango	tango	dele	tele
dardo	tardo	denso	tenso
data	tata	día	tía
daza	taza	doce	tose
debajo	te bajo	Dora	tora
debate	te bate	domar	tomar
deja	teja	danto	tanto
déjalo	téjalo	dos	tos
deje	teje	duna	tuna

9. La **t** delante de una **u** muchas veces se pronuncia **ch** como en *chin* o **sh** como en *shin* en inglés. La **t** en español sin embargo sigue pronunciándose **t** dental. Lea los siguientes pares de palabras en inglés y español. (No siempre tienen el mismo significado.)

actual	actual	lecturer	lectura
adventure	aventura	mutual	mutuo
conceptual	conceptual	natural	natural
cultural	cultural	overture	obertura
eventual	eventual	ritual	ritual
habitual	habitual	virtual	virtual
intelectual	intelectual	textual	textual

10. Ahora lea en voz alta los siguientes dichos.

A los tontos no les dura el dinero.

Tanto monta, monta tanto.

Tanto tienes, tanto vales; nada tienes, nada vales.

El que temprano se moja, tiempo tiene de secarse.

El fonema /k/

11. En inglés, la **k** después de una s no tiene aspiración, a no ser que comience una sílaba tónica. Repita la siguiente lista de palabras donde la **k** empieza una sílaba atónica.

asco	escalar	escalera	escasez
buscador	búsqueda	máscara	músculo
pescador	emboscada	mayúscula	minúscula
rascacielos	casco	exquisito	fresco
bosque	morisco	mariscos	quiosco

12. Ahora repita los siguientes pares de palabras que empiezan con **k** pero que van precedidos por los artículos **los** y **las**. Primero pronúncielas como si el artículo y el nombre formaran una palabra y después haga una pequeña pausa entre la s y la **k** manteniendo la pronunciación sin aspiración anterior.

loscamarones	los camarones	lascabezas	las cabezas
losqueridos	los queridos	lascabinas	las cabinas
losquetzales	los quetzales	loscobijos	los cobijos
loskilómetros	los kilómetros	loscocineros	los cocineros
losquioscos	los quioscos	loscocodrilos	los cocodrilos
lascamisas	las camisas	loscochinos	los cochinos
loscaimanes	los caimanes	loscuadernos	los cuadernos
loscaballos	los caballos	loscubiertos	los cubiertos
lascabañas	las cabañas	loscuchillos	los cuchillos
loscabellos	los cabellos	lasculebras	las culebras

13. En inglés una **g** inicial siempre se pronuncia sin aspiración. Primero repita varias veces cada palabra en la primera columna (**galgo/galgo/galgo** ...) y después repita varias veces la palabra en la segunda columna (**calco/calco/calco** ...) concentrándose en no

aspirar la **k** como si fuera una **g**.

galo	calo	gata	cata
gacha	cacha	gato	cato
gacho	cacho	gaucho	caucho
gala	cala	gayo	cayo
gallo	callo	godo	codo
gama	cama	gola	cola
gano	cano	goda	coda
gasa	casa	goma	coma
gasta	casta	gorra	corra
gasto	casto	gorro	corro

14. Ahora lea en voz alta los siguientes dichos.

Adonde el corazón se inclina, el pie camina.

A quien Dios quiere para sí, poco tiempo lo tiene aquí.

Cortesía de boca mucho consigue y nada cuesta.

De cuerdo y loco todos tenemos un poco.

El casado casa quiere.

En casa de carpintero, puerta de cuero.

Mal que no tiene cura, quererlo curar es locura.

El que tiene boca se equivoca.

EJERCICIO FINAL

15. Lea en voz alta las siguientes oraciones tomadas de varios periódicos y preste atención a la pronunciación de **p**, **t** y **k** en posiciones fonéticas diferentes.

a. Le faltó sorpresa y se quedó a mitad de camino entre la propuesta y la actitud.

b. El fiscal reconstruyó las últimas horas de Axel, desde que intentó escaparse de la casilla donde estaba cautivo.

c. Los policías antisecuestros cordobeses tenían ubicado el lugar y se disponían a actuar.

d. El Gobierno inició conversaciones para alcanzar un acuerdo bilateral y se trataría de favorecer la llegada de productos argentinos.

e. Los tres detenidos fueron trasladados en un avión de la Gobernación, desde el Aeropuerto Córdoba.

f. Mil quinientos efectivos están destinados a la custodia y no pueden ocuparse del patrullaje callejero.

g. Gaudí fue un referente para Dalí, tanto en su obra como en sus escritos. Lo valora mucho como arquitecto y por su sentimiento católico.

h. La pedrera, el Park Güell y la Sagrada Familia son los ejes centrales del recorrido y en torno a los cuales se estructuran los dibujos, pinturas y documentos.

i. La estructura ideada por el presidente y ejecutada por Jorge Valdano, también en entredicho, ha caído del altar por el peso de problemas futbolísticos y por una actitud de soberbia y exceso de confianza que ha terminado por pasar factura.

6

Los fonemas /b, d, g/

ESTA SERIE DE FONEMAS tiene dos sonidos que no existen en inglés, pero si usted se acostumbra a producirlos tal como indicado, no tendrá problema alguno. Usted ya sabe que en español la **b** y la **v** se pronuncian de la misma forma:

/b/		
	[b]	OCLUSIVO BILABIAL SONORO
		después de silencio: ¡**Bueno**! ¡**Victoria**!
		después de nasal: **un burro, un vaso, hambre, envío, un álbum viejo**
	[β]	FRICATIVO BILABIAL SONORO
		todas las demás posiciones: **árbol, calvo fabuloso, llevar, fiebre, obligación, alba, Cervantes**
/d/		
	[d̪]	OCLUSIVO DENTAL SONORO
		después de silencio: ¡**Despiértense**!
		después de nasal: **andar, un diputado**
		después de **l**: **caldo, aldea, el dorado**
	[ð]	FRICATIVO INTERDENTAL SONORO
		todas las demás posiciones: **hada, odontología, padre, cuadro, ardiente, desde, calidad**
/g/		
	[g]	OCLUSIVO VELAR SONORO
		después de silencio (ante cualquier consonante y las vocales **a, o, u**): ¡**Gracias a Dios**! **Gané la lotería.**
		después de nasal (ante cualquier consonante y las vocales **a, o, u**) : **un gato, tengo, un álbum gracioso**
	[ɣ]	FRICATIVO VELAR SONORO
		todas las demás posiciones (ante cualquier consonante y las vocales **a, o, u**): **vinagre, órgano, algo, arguye, hago**

En general el mismo entorno fonético afecta los tres fonemas de la misma forma con la excepción de la **d** que sigue oclusiva después de **l**. En inglés sí existe el sonido [ð] pero se escribe **th** como en *leather*. El inglés no tiene los sonidos [ß] y [ɤ]. En español [ð] es dental y en inglés [d] es alveolar. Note que en español la **d** fricativa [ð] también existe al final de palabra pero los otros dos no.

Aquí tenemos los fonemas del inglés:

/b/

    [b]   OCLUSIVO BILABIAL SONORO
               en cualquier posición: **bless, fabulous, gab, cabriolet, obliterate**

/d/

    [d]   OCLUSIVO ALVEOLAR SONORO
               en cualquier posición excepto entre vocales: **dear, hard, bedridden**

    [ɾ]   VIBRANTE ALVEOLAR SIMPLE

               entre vocales: **adage, ladder, ¡I've had it!**

/g/

    [g]   OCLUSIVO VELAR SONORO
               en cualquier posición: **go, bag, agriculture, argon, sagging**

El mismo sonido [ɾ] de **t** y **tt** entre vocales en inglés también afecta **d** o **dd**. La [d] en inglés es alveolar como la [t]. Es importante notar la interferencia de la **d** y **dd** intervocálicas y es necesario practicar los alófonos fricativos del español.

En inglés las letras **b** y **v** NO se pronuncian de la misma forma. La letra **b** es siempre bilabial y la **v** es siempre labio dental (se produce con los dientes superiores y el labio inferior).

EJERCICIOS

El fonema /b/

1. Una **v** después de silencio siempre se pronuncia [b].

Victoria	vicaria	víctima	vid
vídeo	vidrio	vidente	vil
villano	voz	vosotros	vocero
vaso	vasco	vascular	vuelo
vuelta	vulgar	vecina	veinte

2. Lo mismo vale para **v** después de **n**. Por eso la combinación **nv** de **con vos** suena como **mb** en **hombre**. Pronuncie la **v** después de **n** en las siguientes palabras.

circunvolar	con Valerio	con Víctor	convalecer
convencer	conversar	convertir	convivir
convocar	el convento	el envase	el invernadero
el tranvía	en Valencia	en vano	sin vacaciones
enviar	invadir	envejecer	gran ventaja

3. Pronuncie la **b** en los siguientes ejemplos como [β].

débito	debe	doble	debate
debajo	débil	noble	tobillo
tobillo	bobo	cobarde	sabe
Alberto	álbum	abandonar	habitual
habitante	cable	gabinete	cubano

4. Lea los siguientes pares de palabras y note las diferencias entre la pronunciación de la letra **v** en inglés y en español.

cave	cueva
salvation	salvación
cavern	caverna
save	salvar
savage	salvaje
avid	ávido
David	David
my victory	mi victoria

and vice versa	y viceversa
the position is vacant	el puesto está vacante
to be on vacation	estar de vacaciones
He is very vicious.	Él es muy vicioso.
the vice president	el vice-presidente
She is a vegetarian.	Ella es vegetariana.
She is very vindictive.	Ella es muy vengativa.

5. ¿Se pronuncian [b] o [β] las letras v y b en los siguientes titulares?

A. DETENIDO EN VALENCIA UN PRESUNTO ETARRA QUE PREPARABA ATENTADOS EN LEVANTE PARA ESTE VERANO

B. UN PERRO SALVA A UN VAGABUNDO POR UN MENSAJE EN UNA BOTELLA

C. CONDENADO A PAGAR DOSCIENTOS VEINTE EUROS A UN VECINO POR VIOLAR SU INTIMIDAD AL COLOCAR UNA CÁMARA PARA VIGILAR A SUS INQUILINOS

D. EL AVISO DE UN VECINO CONDUCE A LA APREHENSIÓN DE CUATRO MIL KILOGRAMOS DE COCAÍNA EN VALENCIA

El fonema /d/

6. Pronuncie la d en las siguientes palabras como [d] (oclusivo dental sonoro).

dama	Dante	dañar	dar
dato	debajo	decano	decente
dando	candela	andar	aldea
Andalucía	Andrés	Andorra	caldera
balde	molde	onda	banda

7. Pronuncie la d en los siguientes ejemplos como [ð] (o la th en inglés como en *that*, pero más corto).

barbudo	leído	idéntico	comodidad
credibilidad	fidelidad	idealidad	identidad
modalidad	adversidad	solidaridad	productividad
adeudado	estadidad	variedad	acomodado
adecuado	adoptado	graduado	radioactividad

8. Lea las siguientes palabras y decida si la **d** se pronuncia [d] o [ð].

fundado	candado	cordialidad	debilidad
densidad	dignidad	diversidad	indignidad
defendido	demanda	difundir	clandestinidad
frondosidad	grandiosidad	profundidad	admisibilidad

El fonema /g/

9. Lea las siguientes palabras y decida si la **g** se pronuncia [g] o [ɤ].

Angola	agave	ingrato	mongol
agobiar	pedagogo	congruente	conglomerado
congratular	sinagoga	agregar	vanguardia
gigante	demagoga	Góngora	segregación
agregar	ganga	Augsburgo	gringo
Galápagos	Gregorio	garganta	congregación
pedagoga	gallego	ángulo	griego
segregar	abrigo	agringado	gallegoportugués

10. Lea en voz alta las siguientes oraciones tomadas de varios periódicos y preste atención a la pronunciación de la **g** en entornos fonéticos diferentes.

a. El profesor Pérez fue llevado ante el intendente municipal de la ciudad de Buenos Aires, Manuel Güiraldes, quien, poco después, lo designó laringólogo honorario del Teatro Colón que aún no se había inaugurado.

b. José Caminal explicó que en el organigrama del Liceu, como en otros teatros europeos, no figura el cargo de jefe de seguridad.

c. Desde el punto de vista del administrador, un buen organigrama es el que facilita el trabajo y un mal organigrama, el que lo dificulta.

d. ¡Seguro que lo has visto al Maera! El más sangregorda y el más tranquilo en el mundo entero.

e. La empresa, creada por el grupo Ercrós tras la segregación de Explosivos Río Tinto, podría verse obligada a cerrar definitivamente su segmento de producciones militares.

f. El padre Viganó ha sido un auténtico maestro y guía de la congregación en estos años de renovación y de cambio.

g. En plena campaña para la elección del Parlamento gallego, Fraga reiteraba en una entrevista que "empecinarse en mantener el referéndum es una gran equivocación". Aseguraba que dicho error debía "pagarlo el Gobierno de su bolsillo" y condicionaba "pedir que se vote" a la formulación de una pregunta "que no cierre el futuro" y no suponga la aprobación de la política exterior gubernamental.[2]

h. Tras una serie de averiguaciones policiales se supo la fecha y el lugar de llegada de un yate gallego que iba a desembarcar en la isla un importante cargamento de droga.

i. Y Celia pudo comprobarlo durante la ocupación del pueblo, cuando un muchacho gallego anunció en la plaza de la parroquia que deseaba abandonar la guerrilla, que no aguantaba más.

j. Un catalán o un gallego podrían pertenecer al equipo de España.

EJERCICIO FINAL:

11. Lea en voz alta las siguientes oraciones tomadas de varios periódicos y preste atención a la pronunciación de **b**, **d** y **g** en posiciones fonéticas diferentes.

a. Además, una ofensiva creíble para la pacificación y la modernización de estos países debe ir de la mano de un diálogo.

b. Las democracias tienen la obligación de demostrar mediante sus actos, que realmente son democracias.

c. Fue trasladado a un hospital, pero no tiene ninguna herida de gravedad.

d. Dada la necesidad de consultas y de discusiones adicionales con los acreedores, es difícil establecer un preciso cronograma para lanzar y completar la oferta.

---

[2] La grabación para este ejercicio termina aquí..

e. Debemos salir de esta reunión con decisiones.

f. *La mala educación* es la decimoquinta película de Pedro Almodóvar.[3]

g. Saint-Exupéry desapareció después de partir de la isla de Córcega a bordo de su avión para una misión de reconocimiento destinada a preparar el desembarco aliado en Provenza.

h. Con la suficiente velocidad, un vehículo espacial puede liberarse de la gravedad terrestre y entrar en una órbita alrededor del Sol, como la de un planeta.

i. El cava y el champán son dos vinos espumosos de gran personalidad. Se distinguen por su linaje y estilo, el suelo donde arraigan las vides, las uvas que los producen y el método de elaboración. Todo ello les aporta..., el tamaño de la burbuja y su expresión aromática.

j. Esta es excavación más grande llevada a cabo desde 1986. Se han revelado partes considerables de la ciudad romana, que estuvo poblada también en el período bizantino y el árabe antiguo. Paralelamente, los arqueólogos volvieron a excavar en la antigua colina donde se levantaba la ciudad en la Edad de Bronce.

---

[3] La grabación termina aquí.

7

El fonema /s/

Los sonidos [s] y [z] en español son miembros del mismo fonema. En inglés son miembros de dos familias diferentes.

/s/		
[s]	FRICATIVO ALVEOLAR SORDO	
	al principio de palabras: **seña, zona, cerca**	
	entre vocales: **caso, mazo, acerca**	
	después de cualquier consonante: **absoluto, adscrito, alzar, consonante, comienzo**	
	delante de cualquier consonante sorda: **hasta, caspa, asco, esfera, gazpacho, explicar**	
	en posición final: **todas, avestruz**	
[z]	FRICATIVO ALVEOLAR SONORO	
	solo delante de consonantes <u>sonoras</u>: **desde, Lisboa, rasgo, asno, chisme, portazgo**	

Es correcto usar el sonido [s] en vez de [z] en palabras como **asno** y **mismo**, etc., como lo hacen algunos hispanohablantes, porque se trata del mismo fonema, pero es casi imposible pronunciar el sonido [s] en **desde**.

El sonido [s] normalmente desaparece delante de **r**: las ramas [larámas], **Israel** [iraɛl], **más redondo** vs. **mar redondo** [mareðóndo], **desramar** vs. **derramar** [deramár]. Esto no es una pronunciación subestandar o dialectal. Solo se trata de que es difícil pronunciarlo de otra forma. Hay más información sobre esto en el próximo capítulo que trata de la **r**.

El sonido [s] se escribe s delante de cualquier vocal y z + cualquier vocal. Ambas letras pueden encontrarse también al final de palabras: **sábado, secular, siniestro, soler, supremo, carros; Zamora, Zócalo, cazuela; crisis, libros, avestruz, actriz**. También se escribe c delante de **e/i: hace, cimiento.**[12] Además puede pronunciarse [s] una **x** + consonante, tal como indicamos en el capítulo 3: **experiencia** [ɛspɛɾyéncia], **extra** [éstra]. Esta pronunciación es opcional y depende de diferentes factores. La pronunciación como [ks] es más formal y característica de un habla culta: **experiencia** [ɛkspɛɾyéncia], **extra** [ékstra]. El sonido [z] se escribe **s** o **z**: **desde, capataẕ bueno.**

En inglés hay dos fonemas, /s/ y /z/, algo que fácilmente se ve en los pares *face* y *phase*; *rice* y *rise*. Fonéticamente no hay problemas para anglófonos porque ambas lenguas tienen los mismos sonidos, pero tienen que prescindir de pronunciar la **s** intervocálica como [z] en español tal como se hace en inglés: *present* vs. **presente**; *resident* vs. **residente.**

Aunque es verdad que a veces en inglés la **s** delante de una consonante sonora se pronuncia [z], por ejemplo en *husband* y *mesmerize*, en la mayoría de los casos se pronuncia [s], por ejemplo en *busboy*, *disband*, etc. Finalmente los estudiantes anglófonos deben evitar el error de pronunciar la letra **z** como [z] en palabras como **Zamora, raza**, etc., tal como se hace en inglés.

EXERCICIOS

1. La letra **c** delante de **e** e **i** se pronuncia [s]. Lea las siguientes palabras.

acepción	adolescencia	concepto
complacencia	concepción	creencia
decepción	docencia	excepción
inocencia	licencia	percepción
recepción	Cicerón	ejercicio
piececitas	superficie	obcecación

2. Pronuncia las siguientes pares de palabras del inglés y español. Recuerde que en español la **s** y la **z** (América Latina) en estos contextos siempre están sordas.

---

[12] En varias partes de España la **z** + cualquier vocal y la **c** + **e/i** se pronuncia como la **th** en inglés. (Vea el capítulo sobre variación en este libro.)

INGLÉS	ESPAÑOL	INGLÉS	ESPAÑOL
basilica	basílica	resolve	resolver
Caesar	César	result	resultado
phase	fase	rose	rosa
physically	físicamente	visit	visita
music	música	zenith	cenit
nasal	nasal	zinc	cinc
reserve	reserva	Zodiac	Zodíaco
resident	residente	zebra	cebra
residue	residuo	zone	zona
resignation	resignación	Byzantine	bizantino
resist	resistir	base	base

3. ¿Son sordas o sonoras las letras **s** y **z** en los siguientes ejemplos?

cacicazgo	sin rasgo
comadrazgo	muchos daños graves
compadrazgo	les debo dinero
desdecir	los dejo aquí
desdén	las damas danesas
desdicho	los días del año
durazno	Esto nos dice mucho
esdrújula	son las diez de la noche
hallazgo	son las doce del día
juzgar	las dotes de mando
liderazgo	los dos duros de Juan
lloviznar	las dudas de María
noviazgo	

4. La letra **x** en los siguientes ejemplos se puede pronunciar [s] o [ks].

extra	exclamar
mixto	excluir
textiles	extrovertido
excarcelar	inexcusable
excavar	inexperiencia
exceder	exportar
excelencia	sexto lugar
excéntrico	texto
excepcional	extinción
excitación	externo

5. Las letras **s** o **ss** seguidas de **u** o **i** en inglés a veces se pronuncian [ʒ] o [ʃ]. Lea los siguientes pares de palabras.

INGLÉS	ESPAÑOL		INGLÉS	ESPAÑOL
visual	visual		magnesia	magnesia
usual	usual		pleasure	placer
casual	casual		lesion	lesión
treasure	tesoro		fissure	fisura
Asia	Asia		mission	misión
Indonesia	Indonesia		vision	visión

6. Lea las oraciones siguientes.

a. Creo que la experiencia de la infancia es muy superior a la de la adolescencia.

b. Las veintitrés piececitas de este registro, breves, sencillas, inspiradas y honestamente andalucistas, revelan a un músico que supo encontrar su sitio.

c. La nueva línea se ha diseñado para una velocidad máxima de trescientos kilómetros por hora, con excepción de varias restricciones a doscientos cuarenta kilómetros por hora en algunos tramos de curvas existentes en Módena.

d. La auténtica oposición ha sido físicamente destruida en los famosos procesos que han esmaltado el régimen de Hassan II, en las ejecuciones y las persecuciones como consecuencia de los complots y, en caso necesario, con truculencias como el asesinato de Ben Barka en París.

e. El canciller hondureño Delmer Panting dijo a periodistas de su país que las fuerzas de seguridad de Honduras, desplegadas en la zona fronteriza con El Salvador, tienen orden de capturar a los salvadoreños que talen el bosque ilegalmente.

8

Los fonemas /ɾ/ y /r/

Todos los hispanohablantes le identificarán inmediatamente como americano si usted usa la **r** americana en vez de la española. La **r** americana no tiene equivalente fonético en ninguna lengua europea. Por eso representa un gran obstáculo para cualquier persona que quiere aprender el inglés americano, no solamente porque es único sino también por otras razones que explicaremos más adelante, pero no en este capítulo.

Usted ya ha podido constatar que el sonido [ɾ] del español también existe en inglés dónde está representado por las letras **t, tt, d** y **dd** entre vocales. Usted puede pronunciarlo perfectamente porque existe en inglés. Solo tiene que acostumbrarse a su nueva ortografía como **r**.

/ɾ/		
	[ɾ]	VIBRACIÓN ALVEOLAR SONORA SIMPLE
		entre vocales: caro (siempre se escribe con <u>una</u> **r**)
		después de consonante (excepto **l, n, s**): **abre, acre, agrio**
		delante de consonante: (excepto consonantes alveolares o dentales pero sí delante de [s]): **cargo, marchar, cárcel, arde**
		posición final: **singular** (= libre variación)
/r/		
	[r]	VIBRACIÓN ALVEOLAR SONORA MÚLTIPLE
		entre vocales: **carro** (siempre se escribe con **rr**)
		al principio de palabras: **mi rosa, la rama**
		después de **l, n, s**: **alrededor, honra, Israel**
		delante de consonante alveolar o dental (excepto [s]): **arte, pierna, Carlos**
		posición final: **singular** (= libre variación)

La única posición donde los dos fonemas pueden intercambiarse y modificar el significado es la intervocálica: **caro** vs. **carro**; **ahora** vs. **ahorra**.

La **r** en español es un sonido alveolar, o sea se forma con el predorso de la lengua y los alvéolos (*alveolar ridge*). El sonido [r], con múltiples vibraciones de la lengua -unas tres deberían ser suficientes- representa un gran problema para anglófonos. Hay varios métodos para producir la vibración múltiple de la lengua. Aquí hay uno: trate de articular una **p** sin abrir la boca, toque los alvéolos con la lengua como para pronunciar una **d**, deje escapar el aire por entre la lengua y los alvéolos tratando de mantener el contacto entre la lengua y los alvéolos hasta lograr que vibre su lengua.

A veces los estudiantes se sorprenden al aprender que la **r** al principio de palabras SIEMPRE se pronuncia con vibración múltiple. Le aseguramos que esto es verdad.

EXERCICIOS

1. Lea las siguientes series de palabras. Si usted sustituye la **r** mentalmente por una **d** inglesa, debería estar capaz de pronunciar correctamente la [ɾ] española.

práctica	practicable	practicante
pradeña	pradera	pradejón
precario	precariamente	precariedad
preceder	precedente	precedencia
precioso	preciosa	preciosamente
pregunta	preguntar	preguntador
premio	premiar	premiación
prenda	prender	prendido
prensa	prensar	prensado
prueba	probar	aprobado

2. Pronuncie las siguientes palabras. La **r** suena exactamente como **t**, **tt** o **dd** en *later, better, get up, ladder, header*.

caro	baro	cara	pirineo
lera	hierba	era	erizo
lempira	llorar	barba	barco
perilla	extra	pero	Ebro
obra	piedra	África	comprar
otro	agrio	Carmen	largo
ofrenda	aprieto	Ucrania	abrir

3. Pronuncie la **r** inicial con vibraciones múltiples de la lengua. No pronuncie la **s** de los artículos en plural.

la rabia	las rabias	el roble	los robles
el rabo	los rabos	el robo	los robos
la ración	las raciones	la roca	las rocas
el radar	los radares	el rocío	los rocíos
la raíz	las raíces	el rodeo	los rodeos
el rallo	los rallos	el ron	los rones
la rama	las ramas	la ropa	las ropas
la rana	las ranas	la rosa	las rosas
el rancho	los ranchos	la rosca	las roscas
el rango	los rangos	el rubí	los rubíes
la rebaja	las rebajas	la rueda	las ruedas
la red	las redes	el ruido	los ruidos
el riesgo	los riesgos	la ruina	las ruinas
el rigor	los rigores	la rumba	las rumbas
la rima	las rimas	el rumbo	los rumbos
el río	los ríos	el rumor	los rumores
la risa	las risas	la runa	las runas
el rival	los rivales	la ruta	las rutas

4. Lea las siguientes palabras línea por línea. La primera palabra de cada línea contiene un **r** con vibración simple y las demás tienen que pronunciarse con vibraciones múltiples.

abrir	aburrir	aburre	burro
escaparate	parte	aparte	arte
probamos	borla	borrar	borroso
cráter	carril	Carlos	Carlota
cruel	corral	corta	corla
groso	gorro	ahorro	aorta
aparato	parto	esparto	harto
parado	parto	comparto	ortopedia
poroto	porto	aporto	la porra
perenal	perla	perra	emperrada

5. Pronuncie los sonidos [r] y [r̄] en los siguientes pares de palabras.

ahora	ahorra	cero	cerro
buró	burro	coro	corro
caro	carro	ere	erre

foro	forro		paro	parro
hiero	hierro		pera	perra
hora	horra		poro	porro
mira	mirra		cura	curra
moro	morro		toro	torre
para	parra		turón	turrón

6. Lea los siguientes trabalenguas.

Erre con erre, cigarro;
erre con erre, barril;
rápido ruedan los carros cargados del ferrocarril.

El perro de San Roque no tiene rabo
porque Ramón Ramírez se lo ha cortado.
El perro de Ramón Ramírez no tiene rabo
porque se lo han robado.
¿Quién le ha robado el rabo al perro
de San Roque?
Ramón Ramírez ha robado el rabo
del perro de San Roque.

7. Lea las oraciones siguientes.

a. El amplificador pertenecía a otro radiorreceptor mucho más grande que el que posee.

b. Ese viaje fue su reencuentro con el Perú profundo y el primero de una serie interminable que lo llevó a recorrer el país de cabo a rabo.

c. Los autores explican que la inexistencia de fuentes escritas que hagan referencia específica a la vida de los ferroviarios ha hecho necesario recurrir a las fuentes orales, y más concretamente a entrevistas realizadas a los trabajadores que han desarrollado la totalidad de su vida profesional en la Red Nacional de Ferrocarriles Españoles.

c. Ante el poder económico del frente Domingo Laín y la rebeldía de varios frentes en cinco regiones de Colombia, el cura Pérez aceptó reestructurar el Ejército de Liberación Nacional y tratar de conjurar una división al interior de la organización.

d. En Cuba, se considera que el consumo de los refrigeradores puede representar entre 30 y 50 por ciento del consumo en el sector residencial.

e. En la práctica, lo que el Ministerio de Ciencia y Tecnología, en coordinación con el área de Universidades del Ministerio de Educación, está tratando de hacer es liquidar a muy corto plazo el programa Ramón y Cajal, y aprovechar la flexibilidad de la también controvertida Ley Orgánica de Universidades, de la que faltan por desarrollar múltiples decretos, entre ellos, el del profesorado, para tratar de reincorporar a los Ramón y Cajal como son los contratos para doctores investigadores, coinciden el rector y el representante de esta sección.

9

Los fonemas / m, n, ñ/

El fonema /m/ es bastante simple. Tiene solo un alófono [m]. La letra **m** siempre representa el fonema /m/.

Delante de un sonido bilabial [b, p, m] sin embargo, el sonido [m] también se escribe **n**. (ver Capítulo 6)

El fonema /n/ no es tan simple como el fonema /m/ ya que tiene cinco alófonos –más que cualquier otro fonema en español- porque [n] se asimila al punto de articulación de la consonante siguiente.

El fonema /ñ/ tiene solo un alófono.

/m/

[m] BILABIAL NASAL SONORO
m en cualquier posición: **mamá, amo, lámpara,**
n delante de consonante bilabial [b, p, m]: **enviar,**
convencer, invadir, un vaso, un burro, un puro,
conmigo, conmover

/n/

[n] ALVEOLAR NASAL SONORO
al principio de palabras: **¡Nunca!**
entre vocales: **Anita, mano, uranio**
delante de consonante alveolar: **cansado, cómanlo,**
sonrisa
al final de palabras ante silencio (o delante de
consonante alveolar): **¡No hablen! con redes**

[ɱ] LABIO DENTAL NASAL SONORO
delante de f: **énfasis, enfermo, un fuego**

[ṇ] DENTAL NASAL SONORO
delante de t, d: **anda, antes, han traído**

[ɲ] PALATAL NASAL SONORO
delante de [č]: **ancho, un chico**

[ŋ] VELAR NASAL SONORO
delante de [k,g,x]: **ancla, tengo, conjugar**

/ñ/

[ɲy] PALATAL NASAL SONORO seguido de [y]: **año, ñañigo**

Lo que hace que la combinación [ɲy] sea un fonema para sí mismo es que hay un par de palabras que cuando se pronuncian muy cuidadosamente, se distinguen: **huraño** (*shy like a rabbit*) y **uranio** (*uranium*).

El sonido [ŋ] se usa dentro de palabras pero también cuando la n es la última letra de la palabra y la próxima empieza con un sonido velar, especialmente cuando se habla muy rápido: **un juego** [uŋxwéɣo], **ven conmigo** [bɛŋkomíɣo]. En situaciones informales también se oye [bɛŋ] cuando no sigue nada: ¡**Niño, ven!** o una vocal ¡**Ven acá!** [bɛŋaká].

Aquí tenemos los dos fonemas nasales del inglés:

/m/		
	[ɱ]	LABIO DENTAL NASAL SONORO m delante de [f] dentro de palabras: **emphasis, camphor**
	[m]	BILABIAL NASAL SONORO en todas las demás posiciones: **me, comet, lamp, alms, dumb, some**
/n/		
	[ŋ]	VELAR NASAL SONORO delante de un sonido velar: **anger, singer, youngster, ping, sing, ink, increase**
	[n]	ALVEOLAR NASAL SONORO en todas las demás posiciones: **neat, any, ant, ethnic, beaten, I have seen bats, I have seen tulips, I have seen cats**

Los angloparlantes pueden dominar muy fácilmente los problemas que resultan de las diferencias fonológicas entre el inglés y el español. El sonido [ñ] que no hay en inglés, consiste de dos sonidos [ɲ] y [y] que son muy similares al sonido [n] y [y] en palabras inglesas como *uranium*. Es mucho más difícil para hispanohablantes aprender la pronunciación de los sonidos nasales en inglés porque aquí se da la asimilación a la siguiente consonante solo con la m labio-dental en palabras como *emphasis* o la n velar dentro de palabras como *anger*. El fenómeno de la asimilación es mucho más corriente en español y por eso los hispanohablantes tienden a asimilar las nasales donde no es posible cuando hablan inglés. Ellos pronunciarían *seen cats* en *I have seen cats* por ejemplo como [síiŋkæts], que suena como *sing cats*. También se puede escuchar *seen bats* como [síimbæts]. El angloparlante solo tiene que asimilar todos los sonidos nasales a la consonante siguiente.

EXERCICIOS

El fonema /n/

1. Lea los siguientes ejemplos con **mp** línea por línea. **Compilar** y **con Pilar** deben sonar igual.

combate	con bata
complacientes	con pacientes
compadecer la desgracia	con padecer la desgracia
compadre Ambrosio	con padre Ambrosio
comparar los coches	con parar los coches
comparte la casa	con parte de la casa
compasión	con pasión
compatriotas	con patriotas
complacer	con placer
compresa	con presa

2. **Nv** también se pronuncia [mb]. **Con vino** suena exactamente como **combino** y **en vías** como **envías**. Lea la siguiente lista.

convencer	convención	convencional	convenio
convenir	convento	convergencia	conversar
envase	enviar	envolver	invadir
inválido	invasión	inventar	invento
un vago	con validez	con valor	sin vino

3. La **n** en **énfasis** se pronuncia [ɱ]. Lea la siguiente lista.

confección	conflicto	conforme	confuso
enfermo	enfermera	enfadar	enfático
enfrentar	enfriar	infancia	infarto
infectar	infeliz	inferior	infinito
influencia	informe	infusión	ninfa

4. Ahora pronuncie la misma combinación de sonidos entre dos palabras.

en forma	con factura	con facilidad	con falda
caer en falta	sin falta	en familia	un fantasma
un faro	con fiebre	con fecha	un film
un filósofo	sin fin	con flan	un filete
en Florencia	un fósforo	en Francia	con Félix

5. La **n** delante de [č] se pronuncia [ɲ]. Lea los siguientes pares de palabras.

chico	un chico	chico	un chico
champú	un champú	chicano	un chicano
chaval	un chaval	chino	un chino
checo	un checo	chile	un chile
cheque	un cheque	chiste	un chiste

6. Delante de [k], [g] y [x], dentro de la palabra, la **n** en español se pronuncia ŋ, tal como en inglés en la palabra *finger*. Lea los siguientes pares de palabras para escuchar y distinguir la diferencia entre [n] y [ŋ].

Ana	ancla	rana	rango
anular	angular	tenor	tengo
cono	Congo	vena	venga
canela	Ángela	viene	vengo
mono	hongo	vino	vínculo

7. Lo mismo vale para la **n** al final de una palabra y los sonidos [k] y [g] al principio de la próxima palabra, cuando no hay pausa entre ellas.

un gato	un gasto
un gran guía	en Guinea
con ganas	un globo
han ganado	cien godos
tienen ganas	un golpe
con gas	con gorro
sin gas	sin gozar
han gastado	cien gramos

sin grasa

con gripe

sin grifo

Carmen grita

con gusto

sin cambio

un café

han caído

sin cambio

con cobre

8. Repita los siguientes pares de palabras con **t** y **d** dental y después con **nt** y **nd** dental.

ata	anda		mido	miento
beta	venda		padre	panda
bota	bondad		pedir	pendiente
cada	anda		pido	pinto
cata	canta		sede	sentir
codo	onda		sido	siento
cuota	contra		tata	tanta
dedo	dentro		Tito	tinto
mata	manda		zeta	centro

El fonema /ñ/

9. Pronuncie los siguientes pares de palabras y preste atención a la pronunciación de –nio- y –ño-.

amonio	moño		junio	puño
anión	año		helenio	beleño
Antonio	otoño		opinión	cañón
arsenio	señorito		unión	el Peñón
convenio	huelveño		vulcanio	castaño
geranio	extraño		aluminio	armiño

10. Lea el siguiente texto sobre el arquitecta militar de Felipe II, Juan Bautista Antonelli, y preste particular atención a la pronunciación de todos los alófono de /n/

JUAN BAUTISTA ANTONELLI:
ARQUITECTO DE LAS DEFENSAS DE FELIPE SEGUNDO
EN VARIOS PAÍSES DE AMÉRICA

¿También te fascinan los corsarios o los piratas del Caribe? El siguiente texto es sobre un arquitecto militar que dedicó su vida para repeler a los piratas de los principales puertos españoles alrededor del Caribe en el siglo dieciséis y diecisiete.

A finales del siglo dieciséis incursiones de los corsarios franceses, ingleses y holandeses convencieron al rey Felipe Segundo de encargar a Juan Bautista Antonelli que realizara mejoras en las defensas de su imperio. En esta época, los conflictos con Francia se habían intensificado y las cordiales relaciones con Inglaterra habían comenzado a deteriorarse aunque la media hermana de la reina Isabel de Inglaterra se había casado con Felipe. La reina Isabel aprobó el comercio ilegal, promoviendo así la carrera de corsarios ingleses, cuyas incursiones en el Caribe son tan famosas. La actividad de los corsarios era una empresa conjunta respaldada por los inversionistas ingleses y la nobleza. Todos compartieron las ganancias de un viaje exitoso. De esta forma, muchos centros españoles de riqueza y transporte en América, eran presa de un creciente número de corsarios.

Los reyes de España conocieron bien a la familia Antonelli. Era una dinastía de ingenieros civiles y militares que ya habían diseñado defensas e instrumentos de asedio en Rusia y Hungría contra las invasiones de los otomanos. También Juan Bautista se había convertido en un destacado profesional. La primera misión encomendada a Antonelli fue la fortificación del estrecho de Magallanes, pero por razones que probablemente nunca se sabrán, el capitán general Diego Flores de Valdés, comandante de la expedición, saboteó la expedición. El ingeniero tuvo suerte de regresar con vida a España. Los buenos oficios de un amigo impidieron que el nombre de Antonelli se viera envuelto en el desastre del estrecho, asegurándole un nuevo encargo real. Aunque debilitado por problemas de salud y frecuentes conflictos con funcionarios coloniales, esta nueva misión inició la fase culminante de su carrera como arquitecto militar.[4]

Primero fue a Cartagena, la ciudad que había vivido muchos años de conflictos con los piratas. Antonelli diseñó un plan para aprovechar la capacidad defensiva del lugar. Le pareció obvio que el bloqueo y la fortificación de las entradas naturalmente angostas de la bahía resultarían mucho más eficaces para impedir una invasión que los terraplenes tan fácilmente superados por Drake. Sus asistentes también construyeron fuertes temporarios y se iniciaron los trabajos de un plan permanente de defensa con tres masivas fortalezas.

Antonelli también pasó tiempo en Cuba y en Panamá. En mil

---

[4] La grabación termina aquí.

quinientos ochenta y ocho el rey le encomendó convertir los planes de defensa de Cartagena en piedra y argamasa.

En mil seiscientos dieciséis, la muerte terminó su odisea de cuarenta años al servicio del rey.

(Adaptación de: "Arquitecto de las defensas del rey". *Américas*, Octubre, 2003, pp. 6-15.)

EJERCICIO FINAL:

11. Lea los siguientes pasajes de varios periódicos.

a. Respecto a la situación de la tercera edad, una población cada vez más numerosa, Alberdi cree que a pesar de la proliferación de residencias para ancianos en todas las comunidades autónomas, nuestros mayores desean estar cerca de los suyos.

b. El enemigo, por consiguiente, es caricaturizado hasta el punto de considerarlo el más malintencionado de los enemigos imaginables.

c. Los diez mandamientos son para cumplirlos, independientemente de si se tiene un ángel de la guarda al lado que le esté diciendo que hay que cumplirlos.

d. Y teniendo en cuenta que la situación económica no sólo es manifiestamente mala en las regiones, sino dentro de la propia Rusia, el problema podría ser más grave de lo que parece.

e. La financiación de la Iglesia es uno de los temas que más preocupan a los obispos españoles, que desde el pasado mes de septiembre están manteniendo conversaciones con el Gobierno para conseguir una financiación estable.[5]

f. En la operación en zonas de mantenimiento y como mecanismo de emergencia, es posible operar los trenes en el modo manual a bordo del vehículo.

g. En este sentido, es significativo el nombramiento de los cuarenta y un senadores nombrados por el Rey, que casi pueden seguir siendo considerados como "de Ayete".

---

[5] La grabación termina aquí.

h. ... porque cada máquina, cada equipo, cada producto que importábamos subía de precio, mientras el precio de nuestro azúcar, principal renglón exportable, que era el del mercado mundial, más una prima de preferencia y el de otros productos básicos, se mantenían fijos a partir de los precios alcanzados el primer año del convenio.

i. Por supuesto que, en su tiempo, se cometieron muchos abusos por las fuerzas de seguridad pero la mayoría de víctimas eran delincuentes comunes y éstos se mantenían bajo control.

j. Los nombres que se mencionan para conformar la Comisión de la Verdad son de gente muy honorable, pero la comunidad médica está escandalizada porque alguien quiere colar a un médico que no ha pagado un préstamo con COFINA y nunca dio explicaciones sobre el uso de material médico propiedad del Estado en su clínica privada.

10

El fonema /l/

El fonema /l/ en español es muy diferente de /l/ en inglés.

/l/
[l]	ALVEOLAR LATERAL SONORO	
	todas las posiciones excepto delante de consonante dental y palatal: **lejos, ala, costal, alma, Carlos**	
[ļ]	DENTAL LATERAL SONORO	
	solo delante de [t̪] y [d̪]: **alto, caldo**	
[ʎ]	PALATAL LATERAL SONORO	
	solo delante de [č]: **el chico, colchón**	

El inglés tiene solo dos variantes:

/l/
[l]	ALVEOLAR LATERAL SONORO	
	al principio de palabras: **lunch, let's**	
	entre vocales: **calendar, mallet**	
	después de consonante: **flight, pleasure, glass**	
[ʟ]	VELAR LATERAL SONORO	
	al final de palabras: **hall, smell**	

El alófono /L/ -que está bien en inglés- suena horrible en
español. El sistema fonético del inglés tiende a interferir delante de
consonante y en posición final cuando un angloparlante habla
español. Usted tendrá que prestar mucha atención a este problema y
practicar mucho la pronunciación de la l en las posiciones críticas.

EXERCICIOS

1. Lea la siguiente serie de palabras. Trate de pronunciar la l en la
última columna (con la l en posición final) como la l en las dos
palabras antes. Lea línea por línea.

alalá	ala	al
Elena	ele	el
pelele	pelea	piel
sola	ola	sol
colilla	cola	col
Liliana	lila	mil
ensalada	sale	sal

2. Pronuncie la l en la segunda columna de la misma forma como en
la primera.

calamar	calma	lanzar	alcanzar
alabar	alba	Lázaro	alcázar
alegre	álgebra	culinario	culminación
hola	Olga	colina	culmina
balón	balcón	olor	olmo
alejar	almejar	colo	colmo
baleta	almena	escalo	calmo
ala	alma	palo	palmo
ala	alba	alea	aldea
ala	alca	calor	caldo

3. Lea los siguientes trabalenguas con la letra l.

Qué col colosal colocó en aquel local el loco aquel.
Qué colosal col colocó el loco aquél en aquel local.

Pablito clavó un clavito. ¿Qué clavito clavó Pablito? Cabral clavó un clavo. ¿Qué clavo clavó Cabral?

La piel del jovial Manuel, siempre fiel a la ley local, luce como la miel de un panal singular.

EXERCICIO FINAL

4. Lea los siguientes pasajes sacados de varios periódicos. Preste atención a la pronunciación de la l.

a. Cocaleros bloquean carretera boliviana
Unos cinco mil cocaleros protagonizaron un bloqueo de la principal ruta de Bolivia, en contra de la proyectada instalación de tres bases militares en la convulsa región del Chapare. Los productores comenzaron el bloqueo de la vía que vincula el eje troncal del país conformado por los departamentos de La Paz (oeste), Cochabamba (centro) y Santa Cruz (este).

b. Dañan reloj solar en la ciudadela incaica de Machu Picchu en el Cuzco
La estructura pétrea conocida como Intihuatana o reloj solar, en la célebre ciudadela incaica Machu Picchu, resultó dañada al caerle encima el brazo de una grúa mecánica, durante el rodaje de un comercial de televisión ... Su deterioro causó indignación en círculos intelectuales y culturales, que cuestionan la falta de un reglamento especial para proteger el parque arqueológico de Machu Picchu, que es Patrimonio Cultural de la Humanidad.

c. Argentina propone al tango como patrimonio de la Humanidad
El gobierno argentino lanzó en la UNESCO la candidatura de Tango como patrimonio oral e intangible de la Humanidad. La presentación consistió en un trabajo de investigación con material producido por las academias nacionales de tango de Argentina y Uruguay. El expediente contiene copias de partituras originales de temas famosos, libros de colecciones y un CD multimedia con música, biografías y películas.

11

Los fonemas /f/, /č/, /x/

Los primeros dos fonemas no causarán problemas. El fonema /f/ tiene solo el alófono [f]. Es, como en inglés, un sonido LABIO DENTAL FRICATIVO SORDO. No necesita ejercicios. Se usa en cualquier posición. No hay ninguna palabra española original con una f final. Las dieciocho que hay en el Diccionario de la Real Academia de la Lengua Española son extranjerismos, por ejemplo **golf** y **rosbif**.

El fonema /c/ también tiene solo el alófono [č], un sonido PALATAL AFRICADO SORDO. Suena exactamente como el sonido [č] en inglés. Se usa en cualquier posición pero no hay palabras con el sonido [č] + consonante en español. No hacen falta ejercicios para este sonido tampoco.

El fonema /x/ tiene solo un alófono [x], un sonido velar fricativo sordo. La razón por la cual se usa una **x** para representar este sonido es porque viene del griego y ruso. La **h** inglesa oficialmente es un sonido FARÍNGEO FRICATIVO SORDO, muy similar a expirar aire. El sonido [x] en español, sin embargo, es más fuerte, con más fricción.

/x/

[x] VELAR FRICATIVO SORDO
j delante de cualquier vocal: **jamón, jefe, bajito, bajo, conjugar**
g delante de **e** e **i**: **Gilberto, coger**
x en algunas pocas palabras: **México, Oaxaca**

Hay muy pocas palabras en español que terminan en –**j**. Una de ellas es **reloj**. La **j**, sin embargo, nunca se pronuncia. Sí se pronuncia en el plural **relojes**.

EXERCICIOS

1. Una **g** delante de una **e** y una **i** se pronuncia [x]. Lea los siguientes ejemplos.

ángel	erigir	margen	gira
agitar	escoger	origen	gitano
acoger	exigir	página	Ángela
coger	fingir	surgir	región
colegio	frágil	virgen	rígido
elegir	gel	gemelo	ungido
elogio	Gil	género	vigilar
emergencia	imagen	genial	angina
energía	magia	gente	lógico

2. ¿[g] o [x]?

ligero	negligencia	granjero
geólogo	genético	jaguar
demagogia	regiones	jerga
gigante	agasajar	juego
geológico	agigantar	jugador
pedagogía	agregar	jugoso
gigantesco	aguajero	juzgado
agregar	agujero	lagartijo
geógrafa	ajeno	lenguaje
Georgia	anglosajón	mujeriego
ginecóloga	cangrejo	reciclaje
griego	granja	pasajero

3. Lea los siguientes pasajes sacados de varios periódicos. Preste atención a la pronunciación de las letras **g** y **j**.

a. Aseguró que no hacía demagogia al señalar que es paradójico que estas propuestas lingüísticas las proponga un partido que tiene en su seno a los representantes de las oligarquías que en su día expulsaron de su tierra a una gente que tuvo que venir a Cataluña a ganarse el pan.

b. Ahora lo lamentamos porque el supuesto tráfico o traslado ilegal de menores a Venezuela, refleja nuestra negligencia a todo nivel: policial, jurídica, socio-económica.

c. Primera novela del poeta Juan Bonilla, *Nadie conoce a nadie* (Ediciones B) es una extensa y ambiciosa obra que narra la engañosa y difícil relación de dos personajes obsesionados por la literatura. Al fondo, una compleja maquinaria terrorista convertida en un gigantesco juego de rol que alguien maneja a su antojo.

d. Un mes antes de que su padre abandonara el cargo, relajada y sonriente, con varios cambios de vestuario, Zulemita le dio un extenso reportaje a la revista *Caras*, su preferida. A Zulemita le fascinaba el estilo del semanario de *Perfil*. Fotos grandes y un lenguaje ligero. Amaba verse reflejada en sus páginas.

12
Las vocales

El español tiene solo siete vocales simples. En el inglés americano hay por lo menos quince. Aunque el sistema vocálico del español es muy sencillo, debido a las grandes diferencias entre el sistema español e inglés, hay amplias oportunidades de interferencia. Si usted usa vocales americanas en español, su pronunciación va a sonar horrible. Esto no significa que las vocales del inglés sean horribles. Nos referimos a su uso en español que causa un acento americano muy feo.

Ustedes han aprendido en los capítulos anteriores que es necesario saber tres tipos de información para definir una consonante:

1) si es sonora o sorda,

2) su punto de articulación y

3) su modo de articulación.

Para describir las vocales usted también necesita tres tipos de información, diferentes y no tan precisos.

Hay tres cosas que usted necesita saber sobre la formación de las vocales. Primero necesita saber su articulación horizontal, o sea si se articula en la parte ANTERIOR, CENTRAL o POSTERIOR de la boca; segundo, su articulación vertical, o sea si se articula en la parte BAJA, MEDIA o ALTA de la boca; finalmente necesita saber identificar la forma de los labios, o sea si son ESTIRADOS (*spread as in ee of beet*), si están en posición NEUTRAL, relajada (*neutral* como si dijera *ah ...*) o si son REDONDEADOS (*rounded* como en la **oo** de *soon*). En español la [a] en **casa** por ejemplo es una vocal baja, central, neutral; la [e] de **pelo** es una vocal media, anterior, estirada; la [u] de **uno** es una vocal alta, posterior, redondeada.

Las vocales medias muestran una diferencia adicional. Son o ABIERTAS (*open*, no **opened*) o CERRADAS (*close*, no **closed*). La primera **o** de **color** es una vocal cerrada, la segunda **o** es abierta. Si usted se mira en el espejo cuando pronuncia esta palabra, verá que su boca físicamente está más cerrada al pronunciar la primera y más abierta al pronunciar la segunda vocal. La noción de abertura solo afecta la **e** y la **o** en español.

TIPOS DE SONIDOS VOCÁLICOS

Hay tres tipos de sonidos vocálicos. Las VOCALES PURAS empiezan y terminan de la misma forma. Todas las siete vocales básicas del español son puras.

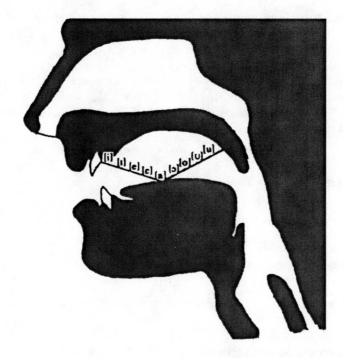

DESLIZADOS (*glide*) o SEMIVOCALES (*semi-vowel*), la [y] y la [w], son sonidos que siempre se combinan con vocales puras para formar DIPTONGOS (por ejemplo en **hacia** y **deuda**). Se llaman deslizados porque "se deslizan" desde un punto de articulación hacia otro. Los deslizados pueden preceder o seguir la vocal pura. En **hacia**, por ejemplo, el diptongo empieza en la parte alta anterior de la boca y se desliza inmediatamente hacia la **a**. En **deuda**, el diptongo empieza con la vocal pura **e** y después se desliza a la parte alta posterior de la boca. El español tiene siete vocales puras, dos deslizados y muchos diptongos (tipos de combinación de vocales puras y deslizados).

LOS FONEMAS VOCÁLICOS DEL ESPAÑOL

Empecemos con las vocales sencillas /i, a, u/:

/i/		
	[i]	VOCAL PURA ANTERIOR ALTA ESTIRADA
		i en posición inicial de palabra + consonante: **istmo, invierno, hito**
		i entre consonantes: **dime, risa**
		i después de **u** como segunda letra de un diptongo: **cuidado, huir**
		i con acento escrito en cualquier posición: **corrí, maní, hígado, frío, hacía, ríe**
	[y]	DESLIZADO ANTERIOR ALTO ESTIRADO
		i sin acento escrito delante y después de **a, e, o**: **hacia, baile, hielo, aceite, oigo, dio**
		i delante de **u** como primera letra de un diptongo: **ciudad, viuda**
		ll y **y**[13]: **llama, yeso, sello, playa, hay**
/a/		
	[a]	VOCAL PURA CENTRAL BAJA NEUTRAL
		en cualquier posición: **alma, casa, caigo, caída, causa, caer**, etc.
/u/		
	[u]	VOCAL PURA POSTERIOR ALTA REDONDEADA
		en posición inicial de palabra + consonante: **usted, uva, uso**
		entre consonantes: **abuso, buscar**
		en posición final después de consonante: **Perú, espíritu**
		u después de **i** como segunda letra de un diptongo: **ciudad, viuda**
		con acento escrito en cualquier posición: **atún, aún, continúa, interviú, veintiún**
	[w]	DESLIZADO POSTERIOR ALTO NEUTRAL
		u sin acento escrito ante o después de **a, e, o**: **deuda, fue, aula, agua, estadounidense, cuota**
		u delante de **i** como primera letra de un diptongo: **cuidado, huir**

---

[13] La mayoría de los hispanohablantes, tal como el colombiano que lee los ejercicios, pronuncia las letras **y** y **ll** como [y]. En el capítulo sobre la variación del español más adelante aprenderá que hay diferentes formas de pronunciar estas letras. Parece que la colombiana que lee los ejercicios prefiere [ʃ] y en posición inicial [ʒ].

Antes de hablar sobre los fonemas /e/ y /o/ tenemos que añadir una pequeña observación. Usted ya sabe que existen dos variantes de la **e** y la **o**, una en que la boca está más cerrada y otra en que está más abierta. Ahora la pregunta es cuándo son cerrados y cuándo son abiertos los sonidos. La respuesta le va a sorprender: Una VOCAL es CERRADA en SÍLABA ABIERTA y es ABIERTA en SÍLABA CERRADA. Una sílaba abierta generalmente termina en una vocal y una sílaba cerrada en una consonante, pero existen algunas excepciones que se van a explicar en lo que sigue:

/e/

[e]   VOCAL ANTERIOR MEDIA ESTIRADA CERRADA
en sílaba abierta que termina en una vocal pura:
hablé, Pepe, quepo, remo
ie o **ié** en sílaba abierta al final de palabra:
superficie, crié
en sílaba final que termina en s: **baile-bailes, pide-pides**

[ɛ]   VOCAL ANTERIOR, MEDIA, ESTIRADA, ABIERTA
en sílaba cerrada que termina en consonante:
lento, festivo, pestaña, doler, cuesta
en sílaba abierta seguida de **r**, **rr**: **pero, perro, ferrocarril, cera**
ie o **ié** en sílaba abierta, excepto al final de palabra:
cielo, hiedra, bienestar

Estos dos alófonos le van a embrollar a veces porque no todos los hispanohablantes distinguen claramente y siempre entre la **e** cerrada y la **e** abierta. Hay gente por ejemplo que pronuncia **cuesta** como [kwésta] y otros como [kwɛ́sta]. Porque se trata del mismo fonema, no hay ningún problema con eso. En ningún caso cambia el significado.

/o/

[o]	VOCAL POSTERIOR MEDIA REDONDEADA CERRADA en sílaba abierta: **coco, amo, loquísimo** en sílaba que termina en [s] o nasal: **cósmico, los, caballos, ferozmente, onda, pomposo**
[ɔ]	VOCAL POSTERIOR MEDIA REDONDEADA ABIERTA en sílaba cerrada, excepto cuando termina en [s] y nasal: **crisol, color**

Una observación final: En español todas las vocales son cortas y tienen más o menos la misma duración.

LAS VOCALES EN INGLÉS

La siguiente lista sigue lo que se suele llamar *"Hollywood pronunciation"*. Aquí hay seis vocales que siempre son diptongos. Además hay diez vocales puras y tres deslizados.

Muy a menudo las vocales largas en inglés son diptongos. La mayoría de los hablantes convierte en diptongos la **ee** de *seen* y la **oo** de *soon*. Son diptongos muy sutiles ([íi, úu]). Mírese en el espejo cuando pronuncia esas palabras y verifique si sus labios se mueven al pronunciar estas vocales. Si se mueven, aunque sea solo un poco, cuando pronuncia **ee** y **oo**, lo que usted produce, son diptongos. Los otros diptongos son más obvios e inevitables en inglés: [ey], [æy], [ow]. Por eso, cuando los americanos aprenden español, de manera natural e inevitable, pronuncian la palabra **de** cómo [déy] y **hablo** como [áβlow], porque no tienen otra forma de pronunciar la **e** y la **o** final.

El diptongo [æy] solo se usa ante [ŋ]: *bang, sang, dang.*

beet [íi]
bait [ey]
bang [æy]
bite [ay]
boat [ow]
boot [úu]

Usted tendrá que practicar mucho para eliminar los deslizados

finales causados por la interferencia con el inglés. Pero ¿cómo?
Puesto que los deslizados siempre son muy cortos y atados al final del
diptongo, una cosa que puede hacer es pronunciar la primera parte
del diptongo muy larga, un poco como [eeeeeeeeeeey]. Después
vuelva a pronunciarlo pero córtelo en vocales puras cortas y ponga el
deslizado solo después de la última vocal: [e-e-e-e-e-e-e-ey]. El
último paso es parar antes de llegar al deslizado, eliminándolo por
completo: [e-e-e-e-e-e-e-e]. Puede hacer el mismo ejercicio con la
interferencia causada por [ow]: [ooooooooooooow] → [o-o-o-o-o-o-o-
o-o-o-o-ow] → [o-o-o-o-o-o-o-o-o-o-o-o].

La próxima serie representa las vocales puras, algunas de las
cuales le van a sorprender:

> **bet** [ɪ]
> **bat** [æ]
> **bot(tle)** [a]
> **bore** [ɔ]
> **but** [ʌ]
> **bought** [ô]
> **but(cher)** [ʊ]
> **bu̱ṟn** [r]
> **compli̱mentary, duplica̱te** *(noun)*, **phot̲ograph,**
> **exce̱llent, campu̱s** [ə]

La vocal [ɔ] solo se usa delante del sonido de la **r**.

La cosa más sorprendente en cuanto a la combinación **ur** en
burn es que la **r** americana en realidad es una vocal y no una
consonante. El sonido pasa por su boca sin fricción o interferencia
algunas y esta es la razón que lo califica como vocal. Por lo demás la
er británica en *father* (que se pronuncia casi exactamente como la
primera **a**: [fáða]) es definitivamente una vocal.

La **rs** en *I'll meet you goils at Toid Avenue and Toity Toid Street* que
se escucha en Brooklyn no consiste sino de diptongos, pero como
son variantes alofónicas del mismo fonema, cualquier hablante
inglés comprende que las muchachas deberían ir a la *Third Street
Avenue and Thirty Third Street*. Y si en Massachussets la gente dice
Kyuber para referirse a *Cuba*, lo que pasa es que han sustituido una
vocal por otra. Esto significa que en este caso una vocal se sustituye
por otra.

El uso de la **r** americana en español es otra cosa que suena horrible. Además muestra que usted es americano. El problema consiste en que es difícil para angloparlantes convertir su **r** vocálica en una **r** consonante en español, y eso aunque existe el sonido de la **r** española [ɾ] en inglés. De otro lado es muy difícil la **r** americana para extranjeros porque no hay ningún equivalente en ninguna otra lengua europea.

La última vocal de la lista, [ə], que se conoce como SCHWA, también puede tener una influencia nefasta en la pronunciación española. En inglés sustituye cualquier vocal átona tal como muestran los ejemplos arriba. Como todas las vocales españolas se pronuncian de la misma manera, no importa que sean tónicas o átonas, es muy importante articularlas muy claramente. En inglés *Alabama* se pronuncia [æləβǽmə], pero en español las cuatro **a** en **alababa** se articulan de la misma manera: [alaβáβa].

Hay tres deslizados en el inglés americano:

> [y] = y,i + vowel, vowel + i, y: **yellow, canyon**
> [w] = u,w + vowel, vowel + w, u: **willow,**
>   **cowboy**
> [ɹ] = cons. + r, r + consonant: **free, cart**

Hay tantas vocales en inglés y por eso pensará que el sistema vocálico del inglés y del español tienen muchos sonidos en común, pero cuando compara los dos sistemas verá que en realidad solo comparten los sonidos [ɛ], [ɔ] y [a]. Esto significa que en inglés tenemos solo los equivalentes de las vocales españolas de **esto, por** y **para**. Las demás le costarán trabajo.

EXERCICIOS

E fonema /a/

1. Lea la primera parte de la **Balada para Amanda Argañaraz**, escrita por A. G. Corbella y publicada en la *Revista Tía Vicenta* (Buenos Aires), año VIII, número 281, mayo 1964, en la cual el autor solo usa la vocal **a**.

Acá van las palabras más francas para alabar a Amanda Argañaraz, alma arrastrada a la Nada tras la más malhadada batalla para alcanzar a amar al canalla más falaz; batalla parada tras larga zaranda para acabar abrazada a la Parca, arrastrada al mar.

¡Acallad las amargas palabras!

¡Paz para Amanda Argañaraz!

Amanda Argañaraz amaba la campaña: largaba las frazadas a la blanda cama al aclarar cada alba anaranjada.

Lavaba la cara, bajaba a la planta baja; para halagar a la mamá, cantaba raras baladas, tras sacar para yantar las tajadas más bastas a las manzanas, a las naranjas, a las bananas, a las granadas. Calzaba blancas alpargatas; calaba bata asargada, calzas batarazas, ancha faja, alba casaca, gabán calamar, pardas gafas. Apartaba la más mansa asna a la majada, atábala, cabalgábala, lanzaba la jaca alazana para vagar tras las cabañas más apartadas. Mas la dama jamás maltrataba la asna: Amanda amaba la jaca, tan mansa, tan llana, tan flaca ...

2. Hay también un texto de Rubén Darío que solo usa la vocal **a**. Lea el comienzo de este texto.

Amar hasta fracasar

Faltaba ya nada para anclar; mas la mar brava, lanza a la playa la fragata: la vara. Arranca tablas al tajamar; nada basta a salvar la fragata. (Ah, tantas almas lanzadas al mar, ya agarradas a tablas claman, ya nadan para ganar la playa! Blas nada para acá, para allá, para hallar a Ana, para salvarla. (Ah, tantas brazadas, tan gran afán para nada. Hállala, mas la halla ya matada! ¡¡¡Matada!!! ... Abraza a la amada: -¡Amar hasta fracasar! –clama ...

3. Ahora lea la siguiente receta para practicar la **a**.

Calabaza asada

INGREDIENTES:

1 libra de calabaza	1/8 libra de mantequilla
6 cucharadas de leche	1 ramita de perejil
5 cucharadas de harina de	1 cucharadita de sal
Castilla	1/8 cucharadita de pimienta
3 huevos	

Preparación:

Se pela y se limpia de semillas la calabaza, cortándola en pedazos medianos. Se polvorean con pimienta molida, se rebozan y se fríen; se colocan en una cacerola plana o sartén grande. Se baten los huevos con la leche y la sal y se vierte sobre la calabaza. Se hornea durante media hora o se cocina en la olla de presión hasta que se ablande la calabaza. Se adorna con perejil, o si se prefiere con anillos de cebolla, tiras de ají pimiento asado o queso rallado.

4. Lea las siguientes rimas infantiles.

CANCIÓN BRUJOSA

Brujas, brujitas y brujotas con brazos largos
y medias rotas.
Abracadabra!
Patas de cabra!
Brotan embrujos en cada palabra.
Brujas sin dientes
¿Dónde estarán?
Si yo toco el timbre ...¿me abrirán?

5. Lea los siguientes palíndromos (frases que se leen igual de izquierda a derecha, que de derecha a izquierda).

Aman a Panamá	Amad a la dama.
Ana, la tacaña catalana.	Ana lava lana.
Atar a la rata.	Anita lava la tina

El fonema /e/

6. Primero practique la [e] (cerrada).

beca	dejo	meta	seda
besa	ETA	neta	seta
beso	geta	pelo	tela
beta	jefa	peso	tema
ceja	jeta	peta	vega
cero	leña	rema	velo
dedo	letra	seca	veta

7. La **e** final a menudo causa problemas debido a la tendencia de los angloparlantes de pronunciarla [ey]. Lea las siguientes palabras tratando de evitar eso.

abre	cae	eje	hace	ríe
aire	come	ene	lave	trae
arde	cree	ere	lee	une
ave	dame	ese	Noé	uve
base	debe	fase	olé	hablé
bebe	efe	fue	que	conté

8. Lea las siguientes palabras y decida si la **e** es abierta (en sílaba cerrada) o cerrada (en sílaba abierta)

eclesiásticamente	empequeñecer
efectivamente	empobrecerse
efervescencia	encendedor
ejecutivamente	encogerse
ejercerse	entender
electrónicamente	endurecerse
elementales	entremeses
emblemáticamente	entretener
embobecerse	equivalentemente
emergente	eternamente

9. Lea los siguientes palíndromos.

Échele leche	Sé verle del revés
ser tres	Se es o no se es

El fonema /i/

10. Lea los siguientes ejemplos que todos tienen una **i** tónica.

ahí	coquí	mambí
ají	di	Martí
así	esquí	mi
caí	frenesí	nací
alfonsí	iraní	rubí
aquí	iraquí	si
ceutí	israelí	ti
colibrí	jabalí	vi

11. La **i** átona en los siguientes ejemplos se convierte en la semivocal [y]. Lea los ejemplos.

aliado	cielo	miocardio
aria	cien	miope
Asia	diez	boina
odiar	piel	coincide
triada	Ceiba	estoico
baile	peine	oiga
fraile	reina	heroico
Cairo	seis	Celsius
gaita	veinte	ciudad
naipe	dio	triunfa
bien	dios	veintiuno
ciego	kiosco	viuda

12. Por supuesto la letra **y** también se pronuncia como [y]. Lo mismo vale para la letra **ll**.

yacer	creyó	oye	silla
yate	cuyo	playa	brilla
yegua	ensayo	rayo	villa
hierba	fluye	reyes	valle
yo	Goya	llave	lleno
yoga	haya	llano	lloro
apoyo	huye	calle	lluvia
ayer	joya	bello	llanto
ayuda	leyó	gallo	ella
cayó	maya	sello	allá

El fonema /o/

13. Todos los hispanohablantes le van a identificar como americano si usted pronuncia la o española como [ow], particularmente la o tónica al final de sílaba o palabra. Eso es muy tentador para usted porque palabras inglesas casi nunca terminan en o tónica. En inglés le siguen o una consonante o una de los tres deslizados. Trate de pronunciar las siguientes palabras con una o corta y cerrada, sin deslizados.

no	mío	uso	cayó
yo	cojo	mosca	curó
ajo	loro	veo	bobo
amo	pozo	habló	como
amó	oyó	pensó	foro
año	los	miró	loco
asó	tío	leyó	robo
coco	ufo	bosque	rojo
dio	uno	bajó	roto

14. Todas las palabras que siguen tienen el sonido [ɔ].

orca	forca	torre
borda	forma	golpe
corneta	fortuna	molde
dormir	norma	enorme
forzar	bolsa	sordo

15. Lea las siguientes palabras y decida si la o es abierta (en sílaba cerrada) o cerrada (en sílaba abierta).

octógono	odontóloga	odontología
odontológico	oligotrófico	onomasiológico
olopopo	oloroso	oncológico
oncólogo	onomatopéyico	ontológico
ontólogo	oponiéndolo	ornitológico
ortodoxo	osteológico	otorrinolaringólogo

16. Lea la primera parte de una canción de León Grieco en la que solo usa la vocal o.

Ojo con los Orozco

(CORO): Nosotros no somos como los Orozco,
yo los conozco son ocho los monos:
Pocho, Toto, Cholo, Tom, Moncho, Rodolfo, Otto, Pololo.
          Yo pongo los votos sólo por Rodolfo,
los otros son locos, yo los conozco,
no los soporto. ¡Stop! ¡Stop!
          ¡Pocho Orozco!

Odontólogo ortodoxo, doctor.
Como Bolocotó, oncólogo jodón.
Morocho, tordo, groncho, jocoso, trosco,
chocó con los montos. Colocó molotov.
¡Bonzo!
¡Stop! ¡Stop!

17. Lea los siguientes palíndromos con la vocal o.

O dolor o lodo	Ojo rojo
Somos o no somos	Oro moro

El fonema /u/

18. La /u/ en español es corta y no es un diptongo.

bus	club	ataúd	común
luz	cruz	astur	Jesús
sub	plus	atún	salud
sur	algún	aún	según
sus	almud	azul	virtud
tus	alud	baúl	avestruz

19. Ahora lea la **u** átona en los siguientes ejemplos.

álbum	cónsul	culebra	fulano
cactus	corpus	cuñado	fumar
campus	butaca	curado	gusano
casus	cubano	dudoso	jugaba

jugoso	lujoso	nuboso	sujeto
jurado	mucoso	mulato	rutina

20. Una **u** átona al lado de **e**, **o**, **a** y delante de **i** se convierte en una semivocal [w].

bueno	feudo	suave	huida
cuero	reuma	cauce	ruido
dele	neuma	pausa	ruina
fuera	cuasi	fauna	suizo
huele	cuate	jaula	cuota
Ceuta	guapa	pausa	asiduo
deuda	Juana	cuida	muere

EJERCICIO FINAL:

21. Lea en voz alta las siguientes oraciones tomadas de varios periódicos y preste atención a la pronunciación de las vocales.

a. Naseiro acudió acompañado de su hija, que con gestos visibles le indicaba que se calmara, que no insistiera en una declaración o alababa sus palabras.

b. Una mujer de avanzada edad no se atrevía a darle la mano, detalle que advirtió la hija de los Reyes, que se acercó a saludarla, mientras la anciana le alababa su belleza

c. Las alteraciones de este tipo se expresan en un lenguaje asintáctico y, por tanto, en muchos casos se llega a la agramaticalidad. Aquí ha lugar la distinción de Chomsky entre aceptabilidad y competencia. Una frase es aceptable si, aun incumpliendo las reglas sintácticas, conserva la posibilidad de transmitir su sentido.

d. Este queso se caracteriza por su forma esférica, con protección antiparasitaria de cera roja exterior. Se fabrica también en España.

e. La sensación de estar caminando atrás en el tiempo era demasiado avasalladora como para dejar fisuras al presente inmediato. Nada de lo que estaba viendo, se le ocurría, pertenecía al presente. Esa naturaleza estaba muerta, y su orden pertenecía a un pasado lejano, sibilínamente infiltrado en su modo de percibir la realidad.[2]

---

[2] La grabación termina aquí.

f. Es cierto que se trataba de una figura de la vida policíaca bajacaliforniana que no sólo había investigado la muerte de José Federico Benítez López. Además, tenía en su haber un número importante de averiguaciones y asuntos que lo colocaban como potencial blanco de un número importante, significativo, de pasiones que este fin de semana terminaron por desbordarse segando su vida.

g. Los ex rebeldes iniciaron la entrega del armamento colectivo utilizado en el marco del conflicto armado interno, acto en el cual destacaron ametralladoras, lanzagranadas y artefactos explosivos

h. A través de la frontera con Honduras funcionaba eficientemente un correo con la ciudad de Danlí.

i. Cuando algunos escritores llamados vernáculos utilizaron en nuestro país el tema del indio, el tema del campesino, lo estaban haciendo siempre desde una perspectiva eminentemente elitista.

j. La nueva cultura que debemos construir en Nicaragua tiene que ser una cultura de hondo contenido popular, tiene que ser una cultura eminentemente popular.

k. Las manos del mulato criollo aprendieron a tocar eficientemente no sólo la bandurria y la guitarra sino también el acordeón y el arpa.

l. El arte sirve aquí para embellecer, ennoblecer y dignificar no ya una iglesia o un palacio, sino un gran hotel. Teóricamente, la operación consiste en exponer el arte donde está el público, sin esperar a que éste vaya a su encuentro.

m. Se entiende por retórica al arte del bien decir, de embellecer la expresión de los conceptos, de dar al lenguaje escrito o hablado eficacia para deleitar, persuadir o conmover.

n. Asimismo, la imprescriptibilidad significa que el dominio directo es a perpetuidad, no prescribe nunca.

o. En tal escenario encontramos la revocatoria del poder político, la elección de magistrados de la Función Judicial, la institucionalización de la Comisión Anticorrupción de contralor y fiscal, la institucionalización de la Comisión Anticorrupción, etc.

p. La ministerial debe gozar del don de la invisibilidad, porque nadie en Palmar de Ocoa se atreve a asegurar que ella dice la verdad.

q. Usufructo y uso: El carácter vitalicio de estos derechos reales menores determina que la titularidad de los mismos se extinga con la muerte del usufructuario o usuario y, además, estos derechos no son transmisibles por causa de muerte.

1. Para ello parte de la definición de "denotativo" como el conjunto de las informaciones que vehicula una unidad lingüística y que le permiten entrar en relación con un objeto extra-lingüístico, durante los procesos onomasiológico (denominación) y semasiológico (extracción de sentido e identificación del referente).

13
El enlace entre palabras en español

En español, siempre que las reglas fonéticas lo permitan, se enlaza el último sonido de una palabra con el primer sonido de la siguiente palabra para formar una sílaba nueva. Por supuesto el enlace no es posible al final de frases u oraciones (dónde hay comas, puntos u otras interrupciones en la cadena hablada). Una consonante al final de una palabra siempre se enlaza con la vocal que empieza la nueva palabra. Las combinaciones más frecuentes son **d, l, n, r, s** + vocal. La frase **al entrar en el edificio** se pronuncia **a-len-tra-re-ne-le-di-fi-cio; jugar al ajedrez, ju-ga-ra-la-je-drez; las águilas en el aire, la-sá-gui-la-se-ne-lai-re; un árbol en España, u-nár-bo-le-nes-pá-ña**, etc. Al combinarse dos consonantes iguales, se funden para formar un solo sonido: **el libro** → [ɛlíβɾo], **en Navarra** → [ɛnaβára].

Cuando hay una vocal al final de una palabra y una vocal al principio de la siguiente, pueden ocurrir tres cosas bastante lógicas. Cuando una vocal débil (**u** e **i** átonas) está en contacto con una vocal fuerte (**a, e, o, ú, í**) el resultado es un diptongo, por ejemplo en **la unión** [aw], **mi amigo** [ya], **la tribu amazónica** [wa]. Consulte la caja aquí abajo. Si usted habla lentamente, es posible articular ambas vocales como vocales puras (columna LENTO). Si usted habla con velocidad normal, sin embargo, se articulan como diptongos.

mi amor	[miamór]	[myamór]
mi era	[miéɾa]	[myéɾa]
y Ana	[iána]	[yána]
y ojo	[ióxo]	[yóxo]
tu amor	[tuamór]	[twamór]
tu era	[tuéɾa]	[twéɾa]
tu ojo	[tuóxo]	[twóxo]
tu hija	[tuíxa]	[twíxa]
mi uña	[miúɲya]	[myúɲya]

Cuando hay hiato (dos vocales fuertes, **a, e, o, í, ú**, combinadas), cuentan como dos sílabas. Ejemplos son **la única experiencia** [a-e], **entró en la casa** [o-e], **hablé alemán** [e-a].

la era	[laéɾa]
la hora	[laóɾa]
fue otro	[fweótɾo]
fue Ana	[fweána]
lo era	[loéɾa]
lo han	[loán]
le era	[léːɾa]
la alameda	[lalaméða]

Cuando hay dos vocales átonas iguales juntas, a menudo se combinan en un versión corta de la SEGUNDA vocal: **Hable en español** → [áβlɛnɛspaɲól], **la Alhambra** → [lalámbra]. Si una de las dos vocales es tónica, la vocal combinada está alargada. (Eso se indica con dos puntos: a:, e:, i:, o:, u:). Compare el ejemplo **(Juan) le lee** [lelé:] con **Léele** [léːle].

El enlazamiento de palabras produce el ritmo típico y el compás del español hablado que se caracterizan por la predominancia de sílabas abiertas (sílabas que terminan en vocal), lo que a veces se lo hace difícil a los extranjeros comprender manifestaciones orales, creando la impresión de que es una lengua que se habla muy rápido.

EJERCICIOS

1. Lea lentamente las oraciones siguientes y observe el enlazamiento de palabras. Use barras (/) para mostrar dónde comienza la sílaba. Ponga un círculo alrededor de los hiatos y la fusión de dos vocales entre palabras.

a. Eso no se le olvida a nadie. Pero ya tendría él que estar aquí. Mi último recuerdo de su esposa fue el de una noche de grandes lluvias.

b. En ella la exorcizó una hechicera.

c. No era una bruja convencional sino una mujer simpática.

d. Con el último esfuerzo que hizo.

e. El habla hasta su última hora.

f. Como a última hora no encontramos a nadie.

g. ... y en menos de media hora habíamos llegado a una conclusión.

h. ... y el mismo día y a la misma hora en que puse el punto final a estas memorias.

2. Ahora haga el mismo ejercicio pero lea las oraciones más rápido.

3. Ahora haga lo mismo con estas oraciones sacadas de periódicos de Colombia.

a. La última vez que un gobierno se vio obligado a aplicar la dictadura fiscal fue en mil novecientos ochenta y siete.

b. En esa ocasión, el proyecto no pasó en las cámaras legislativas por la oposición que le hizo el Partido Conservador al Gobierno de ese momento.

c. Sin embargo, a la hora de observar la participación sobre el total, el crecimiento no es grande.

d. El saldo en rojo de este año ya va en más de veinte millones de pesos.

e. El club acogió el puerto cundimarqués como sede y esta es la hora en que nadie ha respondido a las expectativas.

f. Ese dinero corresponde a la diferencia entre lo que le cuesta a un exportador comprar el café en el país y lo que recibe a la hora de cambiar por pesos los dólares que le pagan por cada saco.

g. Numerosas atenciones se han ofrecido en honor de Elena Hosie Acevedo.

h. Su voz es bastante melodiosa que se ajusta a los temas con el suave ritmo antillano, con la estructura balada básica o con deliciosos interludios de saxo que le dan ese saborcito a jazz que presenta en algunas canciones.

i. Está ubicado en una de las zonas más costosas del mundo, a unos pasos del área hotelera más cara de Nueva York.

j. Fabio Parra se encuentra en el otro extremo.

3. Finalmente haga el mismo ejercicio con este texto sobre Colombia.

COLOMBIA

La República de Colombia está ubicada en el noroeste de Sudamérica, limita al norte con Panamá y el mar Caribe, al este con Venezuela y Brasil, al sur con Perú y Ecuador, y al oeste con el océano Pacífico. Colombia es el único país de América del Sur con costas tanto en el océano Atlántico como en el océano Pacífico.

El elemento topográfico más característico de Colombia es la cordillera de los Andes, situada en la parte central y occidental del país, que se extiende de norte a sur a través de casi toda su longitud.

Colombia es el primer exportador mundial de esmeraldas y tiene otras reservas minerales considerables. El café es el cultivo principal. Después de Brasil, Colombia es el segundo productor mundial y el primero en la producción de café suave. Otras industrias destacadas son las dedicadas a la elaboración de alimentos, productos de tabaco, hierro y acero, y equipos de transporte, así como la industria editorial. Los productos químicos están adquiriendo un auge creciente, así como el calzado, la industria textil y la petrolífera.

El idioma oficial es el español pero se hablan más de sesenta dialectos indígenas, que provienen de varias familias lingüísticas.

14
El ritmo

Todas las palabras entre dos pausas – por ejemplo entre signos ortográficos (punto, coma, punto y coma, interrogación, ..) en la escritura o entre dos períodos de silencio en la lengua hablada – forman una FRASE FONÉTICA.

Cada frase fonética tiene su propio ritmo particular que está caracterizado por el ACENTO PROSÓDICO O DE INTENSIDAD. (En inglés otro elemento que caracteriza el ritmo, además del acento prosódico, es la duración de las vocales. En inglés hay vocales largas y vocales cortas. En español todas las vocales tienen más o menos la misma duración.

En inglés algunas vocales son acentuadas más que otras. El acento prosódico de la palabra inglesa *responsibility* por ejemplo se puede caracterizar de la siguiente forma:

$$\begin{array}{cccccc} 3 & 2 & 3 & 1 & 3 & 3 \\ r \quad e & s \quad p \quad o \quad n & s \quad i & b \quad i & l \quad i & t \quad y \end{array}$$

1 = acento primario   3 = inacentuado
2 = acento secundario

En español es mucho más fácil: una vocal es o acentuada o inacentuada. No existe un acento secundario. Además todas las vocales tienen más o menos la misma duración. En la palabra **Atacama** por ejemplo, tenemos cuatro veces el sonido [a], todos de la misma duración y solo uno de ellos es acentuado.

$$\begin{array}{cccc} 2 & 2 & 1 & 2 \\ A & t \quad a & c \quad a & m \quad a \end{array}$$

1 = acentuado
2 = inacentuado

Debido a que no hay acento secundario puede que a los angloparlantes el español les suene un poco monótono. Sería un error tratar de usar un acento secundario en español y variar la duración de las vocales. Eso inmediatamente le caracterizaría como angloparlante.

No todas las palabras de una frase fonética en español tienen vocales acentuadas, pero es bastante fácil decidir cuáles las tienen y cuáles no. Todas las palabras que dan sentido léxico a la frase son acentuadas: la mayoría de los NOMBRES y sus modificadores, es decir ADJETIVOS: **casa blanca**; VERBOS y sus modificadores, ADVERBIOS: **fuimos ayer**; PALABRAS INTERROGATIVAS: **¿quién?**; PRONOMBRES DE SUJETO: **usted**; PRONOMBRES PREPOSICIONALES: **cerca de ti**; las FORMAS LARGAS DE LOS POSESIVOS: **tuyo, suyo**; OTRAS PALABRAS PORTADORAS DE SENTIDO como **sí, no**, etc.

Las palabras que normalmente son inacentuadas son las "palabras gramaticales" palabras que son portadores de información léxica muy general y abstracta y que sirven fundamentalmente para estructurar y organizar la lengua. Son ARTÍCULOS: **el perro**, las FORMAS CORTAS DE LOS POSESIVOS: **mi padre**; PRONOMBRES DIRECTOS E INDIRECTOS DE OBJETO: **se lo dimos**; los verbos **ser** y **estar** cuando funcionan como verbos auxiliares: **Yo no soy el presidente. Mi padre está enfermo**; PREPOSICIONES: **de mí, por ti, con él**; **no** cuando significa *not*: **No, no lo llamé**; etc.

Lewis Carroll, en *Through the Looking-Glass*, escribió el poema *Jabberwocky* cuyo significado se le escapó a Alice aunque uno puede especificar la función de cada palabra porque las palabras gramaticales identifican las partes de la oración: *T'was brillig, and the slithy toves/ Did gyre and gimble in the wabe: / All mimsy were the borogoves,/ And the mome raths outgrabe.* *T'was* introduce un adjetivo o una forma en *–ing* del verbo. Aquí no sigue ninguna forma en *–ing* y por consiguiente tiene que ser una adjetivo. En the *slithy toves* el orden de palabras en inglés requiere que el adjetivo preceda al nombre. Además las terminación *–y* indica que se trata de un adjetivo. *All* es un adverbio que puede modificar adjetivos y adverbios (en este caso es un adjetivo). El artículo *the* delante de *borogoves* indica que *borogoves* es un nombre (en plural), etc. Todas las palabras gramaticales aquí son inacentuadas y las palabras léxicas, que no sabemos exactamente a que se refieren, son acentuadas.

Ejercicios

1. Lea las siguientes oraciones que son de textos variados, marque las sílabas acentuadas y preste atención a la pronunciación de los cognados.

a. Tras dos días de intensos debates, salpicados de animosidad y resentimiento, el congreso socialdemócrata aprobó, por doscientos sesenta y ocho votos contra veintiocho, la fusión con los liberales.

b. Razón de sobra para que ninguna ley pueda ser objeto de "interpretaciones subjetivas", pues con ello se abre una vía franca para el autoritarismo, el despotismo y la arbitrariedad.

c. El sistema garantiza todas las necesidades de seguridad relacionadas con el cifrado de documentos, la autenticidad de los intervinientes y la certificación del contenido o la fecha de emisión de los correspondientes documentos.

d. Sigamos con el tema del placer. Desde el ángulo de la bioelectricidad, cuanto más abrupta sea la caída de potencial, mayor es la sensación de placer.

e. Según los datos del Parlamento de Quito, la medida propuesta por el Gobierno español supondría el regreso de entre ciento cincuenta mil y doscientos mil súbditos ecuatorianos, que en la actualidad viven y trabajan en la clandestinidad en España.

f. Según los priístas, debe haber compatibilidad entre los programas de Operación Política y el de Elecciones, por lo que pondrán especial énfasis en la organización de mujeres, jóvenes, diputados, organización electoral y líderes sociales.

g. El tiempo mínimo de disponibilidad de ambulancia es de cinco minutos y el máximo de sesenta minutos.

h. ¡Remedios, mujer! Estoy hablando en general. España va muy retrasada con respecto a la nueva espiritualidad del mundo y así seguirá mientras a los maestros no se les eleve a la categoría moral que les corresponde, mientras no se les dé el rango social que se merecen.

i. Hablar para arriba, o sólo desde arriba, favorece la generalización, la frustración y la incredibilidad.

j. Lo significativo de la cuestión fiscal hay que buscarlo más bien en la vulnerabilidad que incorpora en las finanzas públicas la dependencia de éstas respecto al capital financiero nacional e internacional.

k. En África, sin ir más lejos, existen grandes potencialidades para la generación de hidroelectricidad, pero su localización las mantiene aún, y quizá por mucho tiempo, inexplotadas.

2. Lea el siguiente artículo y determine el acento prosódico.

EL DESIERTO DE ATACAMA

Una quinta parte de la superficie terrestre está ocupada por desiertos. Pero pocos de ellos concuerdan con la imagen tópica de un mar de dunas que se desplazan a merced de los vientos.

En el desierto chileno de Atacama las erupciones del volcán Parinacota causaron la emergencia de lagos en cuyas riberas crecen unas extrañas vegetaciones adaptadas a las condiciones brumosas, además de grandes lagos salados y géiseres a cuatro mil trescientos veintiún metros de altitud.

Habitado por pueblos indígenas herederos de las extinguidas camanchacas, proanches y atacameños, los aymarás del altiplano han asimilado un modo de vida basado en la cría de llamas y alpacas y el cultivo de maíz y patata.

Este espacio extremo, acaso el más árido del planeta, ofrece oportunidades para la práctica de deportes de aventura, senderismo y rutas a caballo entre los volcanes más altos del Cono Sur.

15
La entonación

Un elemento crítico que determina el significado de una manifestación lingüística es la entonación. Observe las diferentes entonaciones posibles de las siguientes frases que son casi idénticas, con la excepción del signo de interrogación en la última frase:

> *I* ate the sandwich. (my brother didn't)
> I *ate* the sandwich. (I didn't throw it away)
> I ate the *sandwich*. (not the candy bar)
> I ate the sandwich? (What do you mean? I wasn't even near it).

Otro ejemplo lo tenemos aquí:

> What's that up in the road ahead?
> What's that up in the road? A head?

En inglés tal como en español se usan básicamente tres niveles de entonación: un nivel alto (3), un nivel estándar (2), un nivel bajo (1). Un cuarto nivel (4) solo se usa en situaciones cargadas de mucha emoción.

Los tres patrones de entonación básicos son para marcar las tres figuras retóricas básicas: la afirmación, la pregunta, la exclamación.

1. <u>Afirmación simple</u> (usada para presentar hechos, descripciones, opiniones, etc.

En español la entonación empieza en el nivel bajo (1) y sube al nivel estándar (2) cuando se llega a la primera sílaba acentuada. Si la primera sílaba lleva acento, la entonación ya empieza en el nivel estándar (2). Después de la última sílaba tónica la entonación vuelve a bajar al nivel bajo (1) a no ser que esta sea tónica. En este caso uno se queda en el nivel estándar (2). Recuerda que no pronunciamos palabras sino frases fonéticas y que solo ciertas palabras llevan el acento prosódico.

$^{3}2_{1}$ Ju<u>a</u>n lo hi<u>z</u>o.

$^{3}2_{1}$ Tu p<u>a</u>dre lo hi<u>z</u>o.

$^{3}2_{1}$ Mi her m<u>a</u>no lo hi<u>z</u>o.

$^{3}2_{1}$ El otro profe s<u>o</u>r nos lo explic<u>ó</u>.

$^{3}2_{1}$ El n<u>i</u>ño juega bajo los <u>ár</u>boles.

$^{3}2_{1}$ Co m<u>ie</u>ndo entra la ga<u>n</u>a.

$^{3}2_{1}$ La r<u>i</u>sa es el mejor rem<u>e</u>dio.

$^{3}2_{1}$ <u>E</u>lla se lo llev<u>ó</u>.

$^{3}2_{1}$ Lo que es m<u>o</u>da no incom<u>o</u>da.

2. <u>Pregunta informativa simple</u> (que empieza con una palabra interrogativa). La entonación es la misma de la afirmación simple (1.).

$^{3}2_{1}$ ¿D<u>ó</u>nde está el salón de cla<u>s</u>e?

$^{3}2_{1}$ ¿Con quién has ido a la f<u>ie</u>sta?

3. Preguntas que se pueden contestar con sí o no.

En vez de bajar la voz al final, la entonación sube al nivel alto (3) NO IMPORTA QUE LA ÚLTIMA SÍLABA SEA ACENTUADA O NO.

$^3 2_1$ ¿Vas al salón de cla<u>se?</u>

$^3 2_1$ ¿Me es^{tás hablando a} <u>mí?</u>

Estos tres patrones que acabamos de mencionar son los básicos en español. Todos tienen variantes enfáticas (para expresar sorpresa o para poner énfasis en una palabra). La énfasis se expresa alzando la voz en la última sílaba acentuada al nivel 3.

4. Afirmación enfática. (Usted puede ver que se necesita un contexto específico para explicar lo que es una afirmación enfática que está en la última línea.

$^3 2_1$ Pregunta^{ré a Car}los.

¿Qué dijiste?

Preguntaré a Carlos.

¿Preguntarás a quién?

$^3 2_1$ Pregunta^{ré a} ^{Car}los.

5. Pregunta informativa enfática.

$^3 2_1$ ¿Dónde está la sala de cla_{se?}

¿Dónde está la sala de qué?

$^3 2_1$ ¿Dónde está la sala de $^{cla}_{se?}$

6. <u>Preguntas que se pueden contestar con sí o no enfáticas</u>. La voz baja al nivel (1) al final.

$^3 2_1$ ¿Vas a la sala de cla$^{se?}$

No lo puedo creer--

$^3 2_1$ ¿Tú vas la sala de $^{cla}_{se?}$

7. <u>Pregunta de selección</u>. Tal como sugiere el nombre, esta pregunta exige que la otra persona haga una selección. En la entonación se combinan los patrones 3. (preguntas que se pueden contestar con sí o no) y 1. (afirmación simple)

$^3 2_1$ ¿Quieres ir al ci^{ne} o al tea$_{tro?}$

8. <u>Pregunta eco</u>. Esta pregunta solo repite lo que otra persona ha dicho, sin agregar información, pero a menudo expresa la reacción del oyente a la pregunta (por ejemplo su sorpresa, insatisfacción, enfado, sarcasmo, etc.) Este tipo de pregunta siempre empieza con la conjunción átona y carente de significado **que**.

Imagine la siguiente situación: Hay un incendio en una sala de clase y todos los estudiantes están fuera del salón. Cuando llega el profesor y pregunta **¿Por qué no están en la sala de clase?**, los estudiantes contestan:

$^3 2_1$ ¿Que por ^{qué} no estamos en la sala de cla$^{se?}$

9. <u>Unidades fonéticas múltiples en una oración</u>. Las frases fonéticas, como usted sabe, están separadas por pausas. Normalmente hacemos una pausa después de una coma, para respirar, para

pensar en lo que queremos decir en la próxima frase, etc. Una coma separa cláusulas, ideas y las diferentes partes de una enumeración. Para que el oyente sepa que la oración todavía no ha terminado y que todavía falta algo, el hablante no baja la voz después de la última sílaba acentuada y hasta la alza ligeramente. (La barra (/) indica una pausa.)

$^3_{2\,1}$ Si el tax$^{\text{ista no entiende su acento,}}$ / $_{\text{us}}$ted puede señalar el

$^3_{2\,1}$ nombre de la calle que busca / $_{\text{en una tar}}$je$_{\text{ta.}}$

10. <u>Enumeraciones</u>. Las varias enumeraciones en una oración pueden compararse con una serie de afirmaciones abreviadas. Juan quiere que compres panecillos, tomates y aceite. = Juan quiere que compres pan. + Juan quiere que compres tomates. + Juan quiere que compres aceite. Por eso cada elemento de una enumeración se trata como si fueran cláusulas completas. Solo el penúltimo elemento es un poco diferente. Se queda en el nivel estándar (2) para indicar que queda solo una enumeración más después de este.

$^3_{2\,1}$ Juan quiere que compres paneci$_{\text{llos, to}}$ma$_{\text{tes,}}$ <u>jugo</u> y a^{cei}te.

11. <u>Exclamaciones y mandatos</u>. Tienen la misma entonación como afirmaciones simples, pero las últimas sílabas tónicas son más altas y fuertes. (Pueden subir al nivel (4), para llamar la atención del oyente.)

$^4_{\,3}{}_{2\,1}$ ¡Ven con ^{mi}go! $^4_{\,3}{}_{2\,1}$¡Ven a $^{\text{cá!}}$

$^4_{\,3}{}_{2\,1}$ ¡So ^{co}rro!

$^4{}_3{}_2{}_1$ ¡Se ño ra! $^4{}_3{}_2{}_1$ ¡Gracias a Dios!

12. Saludos y otras expresiones útiles.

$^3{}_2{}_1$ Gra cias.   De na da.

$^3{}_2{}_1$ Por fa vor.

$^3{}_2{}_1$ Per dó neme.   Lo sien to.

$^3{}_2{}_1$ Buenos dí as.

$^3{}_2{}_1$ Buenas tar des. Buenas no ches.

$^3{}_2{}_1$ ¿Cómo se llama us ted?

$^3{}_2{}_1$ ¿Cómo está us ted?   Es toy bien, gra cias.

$^3{}_2{}_1$ Ho la.

$^3{}_2{}_1$ A diós. (standard) $^3{}_2{}_1$ Adió s. (enfático)

Hay una relación muy estrecha entre la entonación, el acento, la intensidad del sonido y el ritmo. Las sílabas tónicas son más fuertes y altas que las sílabas átonas. Por eso y aunque los hispanohablantes se mueven básicamente en el nivel estándar (2), sobresalen las sílabas tónicas, lo que produce el ritmo típico del español.

EJERCICIOS

1. Lea en voz alta el siguiente diálogo de la obra de teatro "El día de la madre". (No es necesario leer las instrucciones escenográficas.)

EL DIA DE LA MADRE

La acción, en Madrid. Época actual.

El primer acto transcurre en el día de la Madre, el 5 de mayo de 1969.
Al comenzar la comedia son las dos de la tarde. La acción, en casa de Teresa. Hace buen tiempo, es primavera en Madrid. No hace frío y empieza a hacer calor.

ACTO PRIMERO
CUADRO PRIMERO

Al levantarse el telón, no hay nadie en escena. En la mesa del comedor está puesto un mantel de hilo bordado. Después de una pequeña pausa, sale del cuarto de la izquierda ANTONIA, criada de la casa, de unos cincuenta años, lleva unos platos en las manos.

ANTONIA ¡Señora! ... ¡Señora! ... ¡Un telegrama!
TERESA (*Dentro*) ¿Cómo dices?... No te oigo.
ANTONIA ¡Que ha venido un telegrama para usted!
TERESA (*Dentro*) Bueno, no grites tanto ... Se van a enterar los vecinos.
ANTONIA (*Pone la mesa.*) Sí, claro ..., y si no grito, no me oye ... (*Del cuarto de la derecha sale TERESA, que se está acabando de vestir.*)
TERESA Anda, ayúdame ..., súbeme la cremallera ... (*Lo hace.*) Qué, ¿cómo me encuentras?
ANTONIA Nerviosa. Ya es el tercer vestido que se pone.
TERESA ¿Qué hora es?
ANTONIA Van a dar las dos.
TERESA ¡Las dos ya! ... No es posible. Óyeme, Antonia.. ¿Tú has visto el collar de perlas?

ANTONIA Sí, señora; lo lleva usted puesto.

TERESA ¡Ah! Sí. Te digo que hoy no tengo la cabeza para nada. Pero ... ¿qué estás haciendo aquí? ... ¡Ah! Sí, la mesa ... Ya tenía que estar puesta. Seis cubiertos, ya sabes ... Yo distribuiré los sitios. ¿Huele a quemado ...?

ANTONIA No; es el perfume ése, que ...

TERESA Sí, es cierto. Oye, Antonia: ¿qué hora es? ... No me lo digas, que me muero. Óyeme: a los cubiertos de plata les falta un tenedor de postre, pónmelo a mí.

ANTONIA Si falta, ¿cómo se lo voy a poner?

TERESA ¡Ay, Antonia! me entiendes perfectamente. ¿Qué me iba yo a ... ¡Ah! Sí, los zapatos ... Vamos, mujer, date prisa. (*Hace mutis.*)

ANTONIA (*Que sigue poniendo los cubiertos.*) Señora, desde hace dos horas trato de decirle que ha venido un telegrama.

TERESA (*Off.*)) Sí? ... ¿De quién?

ANTONIA No lo he abierto.

TERESA Mejor. Los telegramas no se deben abrir ... Siempre son malas noticias.

ANTONIA ¿Qué hago entonces? ... ¿Lo rompo? ...

TERESA Lo mejor es que leas lo que pone ..., pero no me digas nada. Luego, me bastará con mirarte a los ojos. Tú no puedes engañarme.

ANTONIA Muy bien, señora. A usted la pongo en el sitio de siempre, ¿no?

TERESA Sí. Esa costumbre (no se debe romper nunca, para no desconcertar a los invitados. (*Sale del cuarto* TERESA *con otro vestido distinto.*) A ver ... ¿Dónde está el telegrama? ¿Lo has abierto?

ANTONIA No, señora ... Aquí está

TERESA Trae. (*Lo abre.*)

ANTONIA Pero ése fue el primer vestido que se puso la señora.

TERESA (Ah! ... ¿Sí? ... Ya decía yo. (*Lee el telegrama.*) Antonia ... Es de Félix.

ANTONIA No puede venir, seguro; ya lo estaba yo viendo. (*Sigue con la mesa.*)

TERESA Escucha, escucha ... Es de Ibiza. «Felicidades, mamá. Llegamos Eva y yo para la comida. Besos. Félix.» Qué, ¿qué te parece?

ANTONIA ¿Y quién es Eva ... ?

TERESA No sé ... Aquí lo dice.

ANTONIA Le pongo un cubierto?

TERESA ¿Y si es un perro?

ANTONIA Puede ser un amigo.

TERESA Sí ..., pon otro cubierto. Es más sencillo quitarlo que ponerlo. Claro que podía especificarlo más.

ANTONIA ¿No será Eva ... ?

Teresa ¿Y quién es Eva?

Antonia Podía ser una novia del señorito.

Teresa No digas tonterías. Me lo hubiera dicho. Cómo me va a traer a casa, un día como el de hoy ... a una novia. Los tiempos han cambiado, pero no tanto. Antonia ...

2. Ahora vuelva a escribir estos diálogos usando las tres líneas para cada frase. Escriba las partes que están en el nivel estándar en la línea 2, las que están en el nivel bajo en la línea 2 y las que están en el nivel alto en la línea 3.

En una agencia de viajes

Agente: Buenos días. ¿En qué puedo ayudarle?

```
3 _____
2 __Buenos dí_____qué puedo___dar__
1 _____as. En_____ayu___le?__
```

Cliente: Buenos días. Yo quiero hacer un viaje a Puerto Rico.

```
3 _____
2 _Buenos dí____Yo quiero ha_____aje a Puerto
1 _____as_____cer un vi_____Rico
```

Necesito billetes y otra información.

```
3 _____
2 _____b   lletes   otra  informa__
1 Necesito  bi        y           ción
```

Agente: Bueno. Usted necesita un billete de ida y vuelta ¿verdad?

```
3 _____
2 Bue    usted necesi      llete  ida
1   no           ta un bi      de      y
2  vuel        dad?
1     ta. ver
```

¿Cuando quiere salir?

3	
2	Cuando quiere sal
1	quiere ir?

CLIENTE: Quiero llegar a San Juan el tres de agosto

3,	llegar a tres agos
2	Quiero lle a San Juan el de t
1	

y quedarme todo el mes.

3	
2	darme todo el
1	y que mes.

AGENTE: Un boleto de avión de Nueva York a San Juan

3	
2	Un bole vión Nueva
1	to de a de York a

en segunda clase cuesta trescientos pesos.

3	
2	San Juan gunda cla trescientos pe
1	en se se cuesta so

CLIENTE: Está bien.

3	
2	tá bi
1	Es en

AGENTE: Confirmaré las reservaciones

3			
2	ré		cio
1	Confirma	las reserva	nes

y le llamaré por teléfono mañana.

3			
2		ré	é fono maña
1	y le llama	por tel	ña

CLIENTE: Perfecto. Muchas gracias.

3			
2			
1			

AGENTE: A sus órdenes.

3			
2			
1			

EN EL AEROPUERTO

FERNANDO: ¡Mamá, papá! ¡Hola! Llegaron por fin.

3			
2			
1			

¿Necesitan ayuda con las maletas?

3			
2			
1			

MADRE: Fernando, ¿qué tal todo? ¿Cómo te va?

3 _____

2 _____

1 _____

FERNANDO: ¿Cómo va todo en Chile?

3 _____

2 _____

1 _____

¿Las casas sobrevivieron el terremoto reciente?

3 _____

2 _____

1 _____

MADRE: Por lo menos, sí.

3 _____

2 _____

1 _____

FERNANDO: Madre, tú te pareces muy joven. ¿Cuántos años tienes?

3 _____

2 _____

1 _____

MADRE: (Pues, sigues con las bromas!

3 _____

2 _____

1 _____

¿Cómo está la vida aquí en Colombia?

    3 _____

    2 _____

    1 _____

FERNANDO: Todo bien. ¿Cómo fue el vuelo?

    3 _____

    2 _____

    1 _____

PADRE: Es un viaje bastante largo porque el avión va por Quito

    3 _____

    2 _____

    1 _____

antes de llegar a Bogotá.

    3 _____

    2 _____

    1 _____

FERNANDO: Entonces, necesitamos poner las maletas en el carro

    3 _____

    2 _____

    1 _____

y salir para la casa donde puedan descansar.

    3 _____

    2 _____

    1 _____

16
La variación

En los capítulos anteriores usted ha practicado una forma de hablar la lengua española que es típica para la mayoría de los hispanohablantes de la clase media urbana que vive en la parte meridional de España, México y América del Sur (particularmente en el norte).

En este capítulo usted va a enterarse de las diferencias más importantes y llamativas de esta "norma" para que no se sorprenda al escuchar a alguien de Castilla, del Caribe (Cuba, Puerto Rico, La República Dominicana, la costa atlántica de Colombia y Venezuela) o del sur de América Latina (por ejemplo Argentina, Uruguay y Paraguay), porque, tal como ocurre en el caso del inglés, la gente habla diferente en regiones geográficas diferentes. Es más, no solo hablan de manera diferente en lugares diferentes, sino también en la misma área de acuerdo a su estatus social (clases bajas, clase media, clase alta, aristocracia, religiosos, etc.), su ocupación (campesinos, trabajadores, médicos, profesores, abogados, políticos, escritores, etc.) su cultura/ procedencia étnica (indígenas, gauchos, inmigrantes, descendientes de esclavos negros, etc.), su sexo y edad (mujeres, hombres, niños, jóvenes, ancianos, etc.). Es fácil imaginarse que estas variaciones de la "norma" son innumerables y por eso vamos a esbozar solo las más populares que resultan en diferencias fonéticas y fonémicas adicionales.

La "theta" castellana /θ/	
Pronunciación:	Fricativa interdental sorda, muy similar a la **th** inglesa en **think**, **thin**
Ortografía:	z delante de **a, o, u** y c delante de **e , i**
Transcripción:	[θ]
Ejemplos:	**Zaragoza** [θaɾaɣóθa], **zarzuela** [θaɾθwéla], **celebración** [θeleβɾaθyón], **cerveza** [θeɾβéθa]
Distribución:	Centro y norte de España, incluso Madrid

Debido a que este fonema no existe en muchas partes de Andalucía y en Hispanoamérica, palabras como **casa** (*house*) y **caza** (*hunt*), **caso** (*case*) y **cazo** (*I hunt*), **poso** (*I pose*) y **pozo** (*well*), **rosa** (*rose*) y **roza** (*he/ she touches*), **tasa** (*tax*) y **taza** (*cup*) son HOMÓFONOS (palabras que se articulan de la misma forma pero que significan cosas completamente diferentes). Solo el contexto puede decir de qué significado se trata en cada caso. El nombre para el fenómeno de pronunciar la **c** (delante de **e**, **i**) y la **z** como [s] es SESEO. La pronunciación de la **c** (delante de **e**, **i**) y la **z** como [θ] se llama CECEO [θeθéo].[14]

La s apical castellana [ş]:	
Pronunciación:	Alveolar fricativa sorda (formada con el ápice y no con el dorso de la lengua)
Ortografía:	s
Transcription:	[ş]
Ejemplo:	**casa** [káşa]
Distribución:	Centro y norte de España, incluso Madrid

La s apical se usa entre vocales, después de consonantes, delante de consonantes átonas (excepto t). No se usa al comienzo de palabras.

La ll palatal lateral [ʎy]:	
Pronunciación:	Sonido palatal lateral sonoro; una combinación de [ʎ] and [y], similar a ll en *million*.
Spelling:	ll
Transcription:	[ʎy]
Example:	**calle** [káʎye]
Distribution:	Lugares en el norte de España

---

[14] La gente, sobre todos los profesores de español, se cuenta la leyenda según la cual un rey español tenía problemas con la [s] y por eso ceceaba (*had a lisp*). Por eso, y para complacer al rey, la gente de la Corte empezó a pronunciar la [s] de la misma manera. De esta forma eso probablemente no es cierto porque en castellano existen ambos sonidos, la [θ] y la [s] como muestran los ejemplos **doscientos** y **fascinante** donde tenemos los dos sonidos lado a lado.

Este sonido, de uso general en España en el pasado, ha casi desaparecido y no existe en absoluto en Hispanoamérica. Todavía lo usan algunos hablantes de edad avanzada en el norte de España, pero esta pronunciación suena bastante arcaica y aristocrática. La consecuencia de su desaparición es la convergencia de los sonidos asociados con las letras **ll** y **y**, lo que significa que las palabras **rayo** (*lightening*) y **rallo** (*I shred*) suenan igual. Otros ejemplos son **maya** (*Mayan*) y **malla** (*mesh*), **vaya** (subjuntivo de **ir**) y **valla** (*fence*). Este fenómeno es casi universal y se llama YEÍSMO.

En América del Sur esta [y] tiene otras variaciones:

La ll y y en Argentina y Uruguay [ʒ]:	
Pronunciación:	Fricativa palatal sonora; como la s inglesa en *measure*.
Ortografía:	**ll** y **y**
Transcripción:	[ʒ]
Ejemplos:	**calle** [káʒe], **rayo** [ráʒo]
Distribución:	Argentina y Uruguay

Existe también una tendencia entre los jóvenes de esta región, particularmente en Buenos Aires, de usar [ʃ] (como en *ship*) en vez de [ʒ]. ¿Cómo pronunciaría un joven de esta región la frase "**Yo soy paraguayo y me llamo Portillo**"?

EL DEBILITAMIENTO Y LA PÉRDIDA DE LA S AL FINAL DE SÍLABA Y PALABRA

Un fenómeno muy corriente el debilitamiento y la pérdida de la s final que también se llama 'comerse las eses'. Este debilitamiento es común y socialmente aceptado en el sur de España, las Islas Canarias, el Caribe, América Central y también en partes de América del Sur.

Este proceso tiene básicamente cinco variantes:

1. la aspiración de la s final: estas mesas = [éstaʰmésaʰ];
2. la aspiración de la s al final de sílabas: estas mesas= [éʰtaʰmésaʰ];
3. la asimilación de la [h] al siguiente sonido: estas mesas= [éʰta

mésa^h]^15;

4. se intercambia la s final con un sonido alargado que empieza la sílaba siguiente: casco = [kákko];
5. la eliminación de todas las eses finales: estas mesas = [ɛ^htamésa]

La primera variante es, sin ninguna duda, la más común, mientras que las otras, particularmente la eliminación total de las eses finales (5.), está restringida a ciertos lugares y niveles sociolingüísticos. Esto significa que hasta en lugares donde la aspiración de la s final es la norma y aceptada socialmente, la eliminación completa pueda ser considerada subestandar. Es importante para usted estar familiarizado con este fenómeno para comprender a la gente que le pregunta ¿**Cómoetáuté?**

El español no es la única lengua que ha perdido y sigue perdiendo la s final. En francés, por ejemplo, el mismo fenómeno ocurrió hace miles de años. Compare las palabras francesas *étude*, *plâtre* y *île* con (esp.) **estudio**, (ingl.) *plaster* y (esp.) **isla**.

EL DEBILITAMIENTO Y LA PÉRDIDA DE LA **D** intervocálica y FINAL

Este fenómeno también es muy corriente. Es común y socialmente aceptado en el sur de España, las Islas Canarias, el Caribe, América Central y también en partes de América del Sur. Todos los que han estado en Granada han escuchado la pronunciación del lugar como [ɾaná:]. En las letras que vienen con el disco compacto, el grupo Jarabe de Palo, de España, por ejemplo omite la **d** en los participios pasados que terminan en –ado o –ido para indicar la pérdida en la lengua hablada:

> Hoy el mundo ha dao una vuelta
> pero nadie me ha avisao
> hoy el tiempo me ha pillao
> con un lío en la cabeza.
>
> ...

Otra variante del debilitamiento es la pronunciación de la **d** final como θ (theta): verdad = [berðáθ], Madrid = [maðríθ] que escuchamos mucho en Madrid.

---

15 La s de mesa no es aspirada porque empieza la sílaba.

EL DEBILITAMIENTO Y LA FUSIÓN DE L Y R

Otro tipo de variación regional y social es la sustitución de [r] por [l] o la eliminación de ambos sonidos al final de sílabas. Hay muy pocas palabras que se convierten en homófonos debido a esto, por ejemplo **harto** (*tired of something*) y **alto** (*high*) ([árt̪o] y [ál̪t̪o], **Marta** (*Martha*, [már̪t̪a]) y **Malta** (**Malta**, [mál̪t̪a]) o **sarta** (*row, line*, [sár̪t̪a]) y **salta** (*he/she jumps*, [sál̪t̪a]). Una vez oímos que una mujer se dirigió a su esposo como **"mi amol"**. Usted puede oír esto en muchas partes de Andalucía, algunas áreas de Castilla la Nueva, Murcia, Extremadura, el sur de Salamanca, las Islas Canarias, las islas y las costas del Caribe y del Pacífico, pero hasta aquí tiene la connotación de rural e inculto.

17
La transcripción fonética

Este curso está por concluir y todavía le quedan muchas cosas que hacer y practicar antes de acercarse a un nivel de pronunciación casi nativo. ¿Cómo puede asegurarse de no seguir cometiendo los mismos errores o de adquirir nuevos? Un buen método para evitar esto es la transcripción de textos en el alfabeto fonético. Si usted puede transcribir correctamente un texto, esto significa que sabe cómo se debe pronunciar. Por supuesto saber cómo se pronuncia un sonido, una palabra o una frase no necesariamente significa que uno lo pueda hacer. Esto requiere mucho más práctica.

Ojalá le queden unas pocas semanas más en su curso para practicar la transcripción de textos –cualquier tipo de texto sirve para este propósito- como tarea en casa, en clase, en grupos, en la pizarra, etc. Al principio será bastante difícil porque hay que recordar tantas reglas y símbolos, pero con el paso del tiempo se acostumbrará a ello y le parecerá muy natural. Hasta hay gente que piensa que es divertido.

Usted ya ha visto muchos ejemplos de transcripciones fonéticas en los capítulos anteriores pero es una buena idea establecer algunas reglas básicas antes de empezar a transcribir textos. La representación fonética de los sonidos siempre se escribe entre corchetes [] para indicar que se trata de una transcripción fonética y no de una transcripción fonemática. (Transcripciones fonemáticas existen también y se escriben entre dos barras //.) No hay mayúsculas en la transcripción y no hay espacios entre palabras entre las que no hay pausas. Las sílabas tónicas se escriben con acentos. Para marcar comas y pausas cortas se usa una barra /, para marcar el punto final o pausas más largas, se usan dos barras //.

Por supuesto tiene que transcribir el texto tal como debe pronunciarse y no como usted lo pronunciaba erróneamente antes de empezar este curso. También tiene que evitar caer en la tentación de usar las mimas letras ortográficas del texto en la transcripción. Es verdad que muchos de los símbolos que usamos en la transcripción son idénticos con las letras del alfabeto, pero hay varias excepciones.

La letra **c** por ejemplo, se cuela muchas veces en la transcripción fonética, pero no es un símbolo fonético, es o [s] o [θ] o [k]. A veces se escribe [y] donde en realidad debe ser [i]. La **z** normalmente es [s] en la transcripción y la transcripción de **ch** es [č]. Por eso hay que tener cuidado con no confundir entre ortografía y transcripción fonética.

Ofrecemos, aquí abajo, algunos ejemplos de transcripciones que se basan en ejemplos del libro. Su profesor le dará más textos para el trabajo en casa y en clase.

1. **Sigamos con el tema del placer. Desde el ángulo de la bioelectricidad,**
   [siɣámoskoneḻtémaðɛlplasɛ́ɾ // d̪ézðɛláŋguloðelaβyoelɛk̪ɾisiðáð /

   cuanto más abrupta sea la caída de potencial, mayor es la sensación
   kwan̪tomásaβrúp̪tasealakaíðaðepo̪tensyál / mayóɾɛzlasɛnsasyón̪

   de placer.
   d̪eplasɛ́ɾ]

En el ejemplo anterior usted puede ver que una **n** dental termina la penúltima línea porque una **d** dental empieza la última línea. No se deje engañar por el final de línea. Aquí hay otro ejemplo más largo:

2. **Unos cinco mil cocaleros protagonizaron un bloqueo de la principal**
   [unosíŋkomílkokaléɾospɾo̪taɣonisáɾonumblokéoðelapɾinsipál

   ruta de Bolivia, en contra de la proyectada instalación de tres bases
   rú̪taðeβolíβya / eŋkón̪tɾaðelapɾoyɛk̪táðaynsṯalasyón̪d̪eṯrezβásez

   militares en la convulsa región del Chapare. Los productores comen-
   militáɾesɛnlakombúlsaɾɛxyón̪d̪eʎčapáɾe // lospɾoðuk̪tóɾeskomɛn

   zaron el bloqueo de la vía que vincula el eje troncal del país confor-
   sáɾonɛlβlokéoðelaβíakeβiŋkúlaɛléxeṯɾoŋkáld̪elpaískoɱfɔɾ

   mado por los departamentos de La Paz, Cochabamba y Santa Cruz.
   máðopɔrlozðepaɾṯamén̪tozðelapás / kočaβámbaysán̪ṯakɾús]

Aquí tenemos un tercer ejemplo:

3. **El profesor Pérez fue llevado ante el intendente municipal de la ciu-**
   [ɛlpɾofesóɾpéɾɛsfweyeβáðoan̪telin̪tend̪én̪temunisipáld̪elasyu

dad de Buenos Aires, Manuel Güiraldes, quien, poco después, lo de-
ðáðeβwénosáyres / manwélɣwirálḓes / kyén / pókoðespués / loðe

signó laringólogo honorario del Teatro Colón que aún no se había
siɣnólariŋgóloɣonoráryoðeɭṭeáṭrokolóŋkeaúnoseaβía

inaugurado.
ynawɣuráðo]